मानसरोवर
की पाँच चुनिंदा कहानियाँ

तत्कालीन भारतीय रूढ़ि-परम्पराओं का जीवंत चरित्र-चित्रण

संकलन व सम्पादन

डा. सच्चिदानन्द शुक्ला
एम.ए., पी-एच. डी. (हिन्दी), साहित्य रत्न (संस्कृत)

वी एण्ड *एस पब्लिशर्स*

प्रकाशक

वी एण्ड एस पब्लिशर्स

F-2/16, अंसारी रोड, दरियागंज, नई दिल्ली-110002
☎ 23240026, 23240027 • फैक्स: 011-23240028
E-mail: info@vspublishers.com • *Website:* www.vspublishers.com

क्षेत्रीय कार्यालय : हैदराबाद
5-1-707/1, ब्रिज भवन (सेन्ट्रल बैंक ऑफ इण्डिया लेन के पास)
बैंक स्ट्रीट, कोटी, हैदराबाद-500 095
☎ 040-24737290
E-mail: vspublishershyd@gmail.com

शाखा : मुम्बई
जयवंत इंडस्ट्रिअल इस्टेट, 2nd फ्लोर - 222,
तारदेव रोड अपोजिट सोबो सेन्ट्रल मॉल, मुम्बई - 400 034
☎ 022-23510736
E-mail: vspublishersmum@gmail.com

फ़ॉलो करें:

हमारी सभी पुस्तकें **www.vspublishers.com** पर उपलब्ध हैं

मुद्रक: रेप्रो नॉलेजकास्ट लिमीटेड, ठाणे

प्रकाशकीय

वैसे तो प्रेमचन्द की कहानियों पर आधारित अनेक पुस्तकें उनकी चुनी हुई कहानियों के रूप में उपलब्ध हैं, किन्तु इस कहानी-संग्रह को बच्चों/पाठकों के समक्ष प्रस्तुत करते हुए हमें विशेष प्रसन्नता हो रही है, क्योंकि प्रेमचन्द की 5 चुनी हुई कहानियों को हमने एक विशेष शैली दृष्टिकोण से प्रकाशित किया है।

इन कहानियों में निहित भावों, उनके सन्देश और उनसे मिलने वाली शिक्षा को भी हमने प्रत्येक कहानी के अन्त में प्रस्तुत किया है, जिससे बच्चे व सामान्य पाठक भी कुछ सीख ले सकें। साथ ही प्रत्येक कहानी के पूर्व प्रेमचन्द के जीवन से सम्बन्धित कुछ विशेषताओं का वर्णन किया गया है, ताकि हमारे पाठक, प्रेमचन्द के बारे में संक्षिप्त जानकारी प्राप्त कर सकें।

इस कहानी-संग्रह की एक अन्य विशेषता यह है कि प्रत्येक कहानी के अन्तर्गत आये हुए कुछ कठिन शब्दों का अर्थ/भावार्थ उसी पृष्ठ के नीचे अर्थ-सन्दर्भ (फुटनोट) के रूप में दे दिया गया है, जिससे बच्चों व सामान्य पाठकों को कहानी का भावार्थ समझने में सुगमता हो।

इस कारण यह कहानी-संग्रह अन्य प्रकाशित कहानियों के संग्रह से विशिष्ट बन गया है। इन कहानियों का सम्पादन करने वाले विद्वान् सम्पादक ने प्रेमचन्द के जीवनवृत्त के बारे में संक्षिप्त विवरण देकर प्रेमचन्द की विशेषताओं को रेखांकित किया है।

आशा है, यह कहानी-संग्रह बच्चों व अन्य पाठकों को रुचिकर लगेगा और इनसे वे इस पुस्तक को सहर्ष अपनायेंगे।

–प्रकाशक

विषय-सूची

प्रेमचन्द का जीवनवृत्त

हिन्दी साहित्य में लोकप्रियता की दृष्टि से तुलसीदास के बाद मुंशी प्रेमचन्द का अपना विशिष्ट स्थान है। भारत ही नही, विदेशों-विशेषत: रूस में भी वे लोकप्रिय हैं। सामान्यत: वह उपन्यास-सम्राट् के रूप में प्रसिद्ध हैं, किन्तु वह अपने समय में भारतीय जनता के भी हृदय-सम्राट् बने।

प्रेमचन्द आधुनिक कथा-साहित्य में नवयुग के प्रवर्तक थे। कुछ लोग उन्हें भारत का 'गोर्की' कहते हैं, तो कुछ लोग उन्हें 'होर्डी' के रूप में देखते हैं, क्योंकि उन्होंने अपनी रचनाओं में अधिकांशत: ग्रामीण वातावरण का चित्रण किया।

प्रेमचन्द का जन्म 31 जुलाई सन् 1880 (संवत् 1937, शनिवार) को वाराणसी-आजमगढ़ रोड पर, वाराणसी नगर से चार मील दूर स्थित लमही नामक गाँव में एक निम्नवर्गीय कायस्थ परिवार में हुआ था। पिता का नाम अजायब राय और माता का नाम आनन्दी देवी था। बचपन में इनका नाम धनपत राय श्रीवास्तव था, जो बाद में हिन्दी साहित्य जगत में 'प्रेमचन्द' के नाम से प्रसिद्ध हुआ। 'प्रेमचन्द' नामकरण मुंशी दयानारायण निगम ने किया था, जो प्रेमचन्द के अभिन्न मित्र थे और उस समय के प्रसिद्ध अखबार 'जमाना' के सम्पादक थे। उर्दू में 'मुंशी' का अर्थ होता है-लिखने वाला या लेखक। इसीलिए प्रेमचन्द के नाम के पूर्व 'मुंशी' शब्द भी जुड़ गया और वे 'मुंशी प्रेमचन्द' भी कहलाने लगे। वैसे प्रेमचन्द का घरेलू नाम 'नवाब' भी था।

प्रेमचन्द की आरम्भिक शिक्षा गाँव के ही एक मदरसे में हुई। उस समय शिक्षा में फ़ारसी और उर्दू की खास अहमियत थी। इसका प्रभाव प्रेमचन्द के लेखन पर खूब पड़ा। उसके बाद वाराणसी के क्वींस कालेज से मैट्रिक परीक्षा पास करके, सन् 1899 में अध्यापक के रूप में अपने परिवार के जीविकोपार्जन हेतु नौकरी आरम्भ की। नौकरी करते हुए ही प्राइवेट रूप से बी.ए. की परीक्षा पास की। उन्होंने गहन स्वाध्याय किया और उसी के बलबूते पर सरकारी नौकरी करते हुए 1908 में स्कूलों के सब-डिप्टी इंसपेक्टर भी बने।

प्रेमचन्द ने सन् 1901 में कहानी लिखना शुरू किया। उनकी पहली कहानी **'अनमोल रत्न'** उर्दू में छपी, क्योंकि उन्हें अच्छी हिन्दी उस समय तक नहीं

आती थी। सन् 1920 में महात्मा गाँधी के आह्वान पर सरकारी नौकरी छोड़कर स्वतन्त्रता-संग्राम में कूद पड़े। अपनी लेखनी के माध्यम से उन्होंने देशसेवा का व्रत लिया। सन् 1934 में कुछ दिनों तक मुम्बई में रहकर फिल्म कथाकार के रूप में भी जीविकोपार्जन के लिए कार्य किया।

प्रेमचन्द ने अपने लेखन का आरम्भ उर्दू में किया, जिसमें सन् 1908 में देश-प्रेम की भावना से ओत-प्रोत कई कहानियों का संग्रह 'सोजे वतन' नाम से छपा। इसी कहानी-संग्रह के बाद उन्होंने 'प्रेमचन्द' के नाम से लिखना आरम्भ किया। **'सोजे वतन'** बहुत प्रसिद्ध हुआ। ब्रिटिश सरकार ने इसकी प्रतियाँ जप्त करके इसके प्रकाशन पर प्रतिबन्ध लगा दिया। यह पुस्तक 'नवाब राय' के नाम से प्रकाशित हुई थी। बाद में प्रेमचन्द ने हिन्दी की सर्वव्यापकता देख-जानकर हिन्दी में लिखना आरम्भ किया। वस्तुत: हिन्दी और उर्दू दोनों भाषाओं के साहित्य-लेखन में उनका गौरवपूर्ण स्थान रहा। हिन्दी में लिखित उनके उपन्यास- सेवासदन, निर्मला, रंगभूमि, गबन, कायाकल्प, प्रेमाश्रम, गोदान आदि विश्वविख्यात उपन्यास हैं, जिनके आधार पर प्रेमचन्द को 'उपन्यास-सम्राट्' की उपाधि हिन्दी साहित्य जगत् में मिली।

प्रेमचन्द ने निबन्ध, नाटक और आलोचनाएँ भी लिखीं। उन्होंने लगभग 300 कहानियाँ लिखीं, जिनमें बच्चों, किशोरों, युवाओं, प्रौढ़ों और नारियों को केन्द्रित करके देश की तत्कालीन सामाजिक रूढ़ि-परम्पराओं पर चोट करते हुए बच्चों में राष्ट्रप्रेम, नैतिकता, निडरता आदि का चित्रण किया। प्रेमचन्द की कहानियों के संग्रह अनेक नामों से बाजार में उपलब्ध हैं, किन्तु उनकी समस्त कहानियों का एकमात्र संग्रह **'मानसरोवर'** नाम से आठ भागों में, उनके ही समय से प्रसिद्ध है।

प्रेमचन्द के समय में बच्चों के लिए जो पत्रिकाएँ प्रकाशित हो रही थीं, वे बच्चों में जागरूकता, राष्ट्रप्रेम, और नये ज्ञान से भरपूर रचनाएँ प्रस्तुत कर रही थीं। उस समय के अनेक लेखक, कवि और साहित्यकार बच्चों के लिए रचनाएँ कर रहे थे और उन्हें राष्ट्रीयभावना, स्वदेशी और नैतिक मूल्यों आदि के पाठ के साथ विज्ञान और नयी दुनिया के आधुनिक ज्ञान से भी परिचित करा रहे थे। प्रेमचन्द ने भी उन दिनों जो रचनाएँ कीं, वे उस समय के बच्चों में नैतिकता, साहस, स्वतन्त्र विचार-अभिव्यक्ति और आत्मरक्षा की भावना जगाने वाली सिद्ध हुईं। प्रेमचन्द ने 'मर्यादा', 'माधुरी', 'हंस' और 'जागरण' आदि अनेक पत्रिकाओं का सम्पादन भी इसी विचार को दृष्टिगत करके किया।

प्रेमचन्द ने बच्चों के लिए विशेष रूप से जो कहानियाँ लिखीं, उन पर विचार करना आवश्यक है कि वे बच्चों के बारे में क्या सोचते थे। वही सोच उनकी बाल-कहानियों में भी मिलती है।

प्रेमचन्द ने सन् 1930 में 'हंस' पत्रिका में एक सम्पादकीय **'बच्चों को स्वाधीन बनाओ'** शीर्षक से लिखा। उसमें उन्होंने लिखा था- 'बालकों को ऐसी शिक्षा देनी चाहिए कि वे जीवन में अपनी रक्षा स्वयं कर सकें। बालकों में इतना विवेक होना चाहिए कि वे प्रत्येक कार्य के गुण-दोष अपने भीतर की आँखों से देखें'। प्रेमचन्द ने इसी विचारभूमि पर बाल-कहानियों की रचना की।

यह सत्य भी स्वीकार करना होगा कि प्रेमचन्द के अधिकांश बाल पाठकों ने अपनी पाठ्य पुस्तकों में उनकी कहानियाँ पढ़कर ही प्रेमचन्द को जाना और उन्हें स्मरण रखा। प्रेमचन्द की कहानियों की भाषाशैली अत्यन्त सरल व सुबोध है। उन्हें हिन्दी का सामान्य पाठक भी पढ़कर, समझकर उनका रस लेता है।

प्रेमचन्द प्रगतिशील आन्दोलन से भी जुड़े। सन् 1936 में उन्होंने 'प्रगतिशील लेखक संघ' का प्रथम अधिवेशन, जो लखनऊ में आयोजित हुआ था, उसकी अध्यक्षता भी की। उन्हीं दिनों उन्हें जलोदर रोग हुआ। महीनों इस रोग से ग्रस्त होकर अन्तत: चिकित्सा के अभाव में 8 अक्टूबर सन् 1936 को वाराणसी मे उनका देहावसान हो गया।

इस पुस्तक में प्रेमचन्द की तेरह कहानियाँ दी जा रही हैं।, इस विश्वास के साथ कि ये बच्चों और सामान्यत: सभी पाठकों को पसन्द आयेंगी। कहानियों में कहीं-कहीं कठिन और स्थानीय शब्द भी आये हैं, जिनका अर्थ फुटनोट के रूप में उसी पृष्ठ पर नीचे दे दिया गया है, जिससे पाठकों को शब्दार्थ ग्रहण करने में असुविधा न हो।

-सम्पादक

घरजमाई

लगभग 14 वर्ष की अवस्था में प्रेमचन्द का विवाह हो गया था। पत्नी सुन्दर नहीं थी और उसका स्वभाव भी अच्छा नहीं था। इसलिए प्रेमचन्द की उससे बनी नहीं। सन् 1950 में एक दिन वह प्रेमचन्द को अकेला छोड़कर हमेशा के लिए मायके चली गयी। बाद में प्रेमचन्द ने एक बाल-विधवा शिवरानी देवी से शादी कर ली।

(एक)

हरिधन जेठ की दुपहरी में *ऊख*[1] में पानी देकर आया और बाहर बैठा रहा। घर में से धुआँ उठता नजर आता था। 'छन-छन' की आवाज भी आ रही थी। उसके दोनों साले उसके बाद आये और घर में चले गये। दोनों सालों के लड़के भी आये और उसी तरह अन्दर दाखिल हो गये, पर हरिधन अन्दर न जा सका। इधर एक महीने से उसके साथ यहाँ जो *बर्ताव*[2] हो रहा था और विशेषकर कल उसे जैसी फटकार सुननी पड़ी थी, वह उसके पाँव में बेड़ियों-सी डाले हुए था। कल उसकी सास ही ने तो कहा था- 'मेरा जी तुमसे भर गया, मैं तुम्हारा जिन्दगी भर का ठीका लिये बैठी हूँ क्या?' और सबसे बढ़कर अपनी स्त्री की निठुरता ने उसके हृदय के टुकड़े कर दिये थे। वह बैठी यह फटकार सुनती रही, पर एक बार भी तो उसके मुँह से न निकला, 'अम्माँ! तुम क्यों इनका अपमान कर रही हो?' बैठी गट-गट सुनती रही शायद मेरी दुर्गति पर खुश हो रही थी। इस घर में वह कैसे जाये? क्या फिर वही गालियाँ खाने, वही फटाकर सुनने के लिए? और आज इस घर में जीवन के दस साल गुजर जाने पर यह हाल हो रहा है। मैं किसी से कम काम करता हूँ। दोनों साले मीठी नींद सोते रहते हैं और मैं बैलों को *सानी-पानी*[3] देता हूँ, *छाँटी*[4] काटता हूँ। वहाँ सब लोग पल-पल पर चिलम पीते हैं, मैं आँखें बन्द किये अपने काम में लगा रहता हूँ। सन्ध्या समय घर वाले गाने-बजाने चले जाते हैं, मैं घड़ी रात तक गायें-भैंसें दुहता रहता हूँ। उसका यह पुरस्कार मिल रहा है कि कोई खाने को भी नहीं पूछता। उल्टे गालियाँ मिलती हैं।

---

1. गन्ना। 2. व्यवहार। 3. चारा और पानी। 4. चारा (चौपायों के लिए भोजन)।

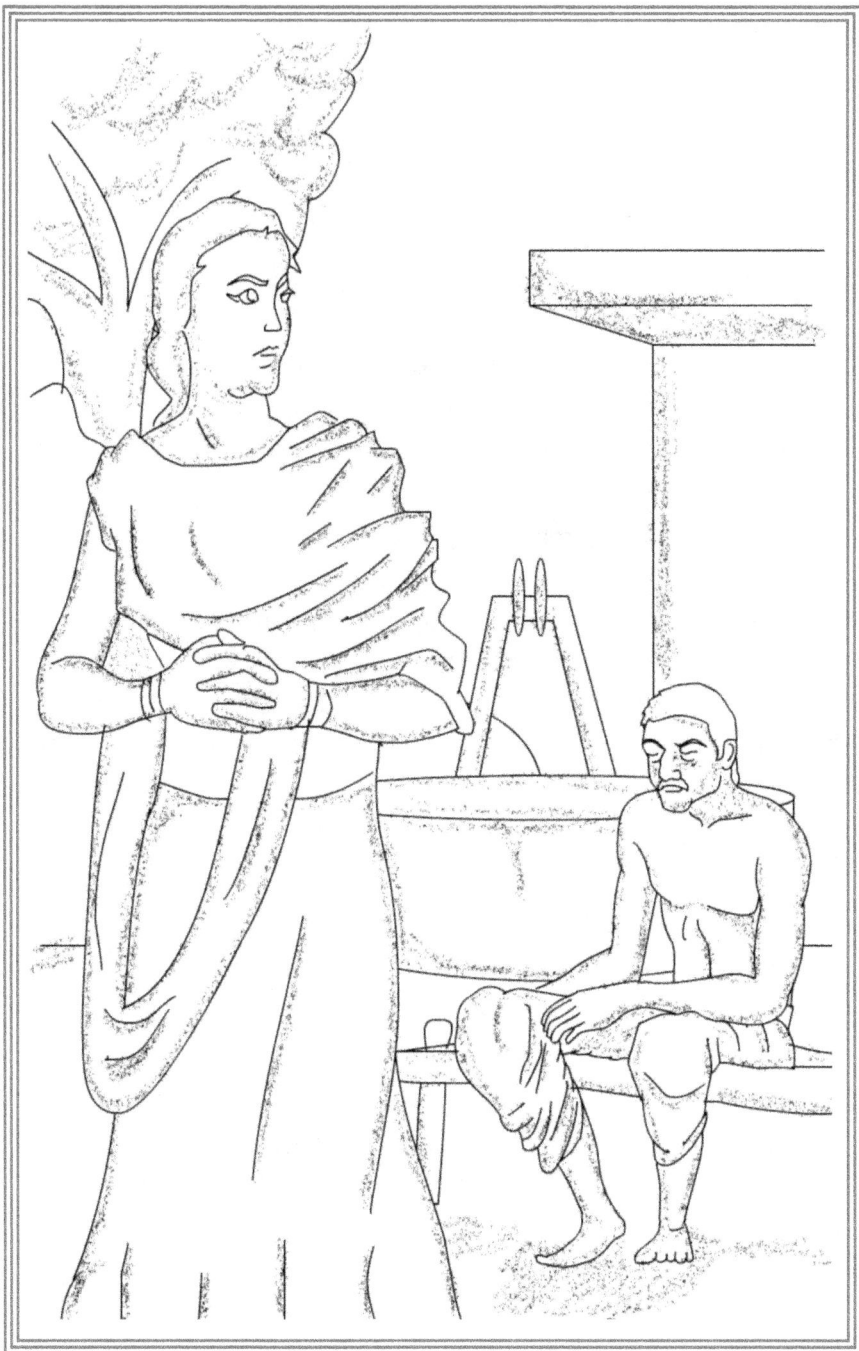

उसकी स्त्री घर में से *डोल*[1] लेकर निकली और बोली—'जरा इसे कुएँ से खींच लो। एक बूँद पानी नहीं है।'

हरिधन ने डोल लिया और कुएँ से पानी भर लाया। उसे जोर की भूख लगी हुई थी। समझा अब खाने को बुलाने आवेगी, मगर स्त्री डोल लेकर अन्दर गयी, तो वहीं की हो रही। हरिधन थका-माँदा *क्षुधा*[2] से व्याकुल पड़ा-पड़ा सो गया।

सहसा उसकी स्त्री गुमानी ने आकर उसे जगाया।

हरिधन ने पड़े-पड़े कहा—'क्या है? क्या पड़ा भी न रहने देगी या और पानी चाहिए।'

गुमानी कटु स्वर में बोली—'गुर्राते क्या हो, खाने को तो बुलाने आयी हूँ।'

हरिधन ने देखा, उसके दोनों साले और बड़े साले के दोनों लड़के भोजन किये चले आ रहे थे। उसकी देह में आग लग गयी। मेरी अब यह *नौबत*[3] पहुँच गयी कि इन लोगों के साथ बैठकर खा भी नहीं सकता। ये लोग मालिक हैं। मैं इनकी जूठी थाली चाटने वाला हूँ। मैं इनका कुत्ता हूँ, जिसे खाने के बाद एक टुकड़ा रोटी डाल दी जाती है। यही घर है, जहाँ आज से दस साल पहले उसका कितना आदर-सत्कार होता था। साले गुलाम बने रहते थे। सास मुँह जोहती रहती थी। स्त्री पूजा करती थी। तब उसके पास रुपये थे, जायदाद थी। अब वह दरिद्र है, उसकी सारी जायदाद को इन्हीं लोगों ने कूड़ा कर दिया। अब उसे रोटियों के भी लाले हैं। उसके जी में एक ज्वाला-सी उठी कि उसी वक्त अन्दर जाकर सास को और सालों को भिंगो-भिंगोकर लगाये, पर जब्त करके रह गया। पड़े-पड़े बोला—'मुझे भूख नहीं है। आज न खाऊँगा।'

गुमानी ने कहा—'न खाओगे मेरी बला से, हाँ नहीं तो! खाओगे, तुम्हारे ही पेट में जायेगा, कुछ मेरे पेट में थोड़े ही चला जायेगा।'

हरिधन का क्रोध आँसू बन गया। यह मेरी स्त्री है, जिसके लिए मैंने अपना सर्वस्व मिट्टी में मिला दिया। मुझे उल्लू बनाकर यह सब निकाल देना चाहते हैं। वह अब कहाँ जाये! क्या करे?

उसकी सास आकर बोली—'चलकर खा क्यों नहीं लेते जी, रूठते किस पर हो? यहाँ तुम्हारे नखरे सहने का किसी में *बूता*[4] नहीं है। जो देते हो, वह मत देना और क्या करोगे। तुमसे बेटी ब्याही है, कुछ तुम्हारी जिन्दगी का ठीका नहीं लिया है।'

हरिधन ने मर्माहत होकर कहा—'हाँ अम्मा! मेरी भूल थी कि मैं यही समझ

---

1. पानी भरने की बाल्टी। 2. भूख। 3. स्थिति। 4. सहनशक्ति।

रहा था। अब मेरे पास क्या है कि तुम मेरी जिन्दगी का *ठीका*[1] लोगी। जब मेरे पास भी धन था, तब सब कुछ आता था। अब दरिद्र हूँ, तुम क्यों बात पूछोगी।'

बूढ़ी सास भी मुँह फुलाकर भीतर चली गयी।

(दो)

बच्चों के लिए बाप एक फालतू-सी चीज, एक विलास की वस्तु है। जैसे घोड़े के लिए चने या बाबुओं के लिए मोहनभोग। माँ रोटी-दाल है। मोहनभोग उम्र-भर न मिले, तो किसका नुकसान है, मगर एक दिन रोटी-दाल के दर्शन न हों, तो फिर देखिए क्या हाल होता है। पिता के दर्शन कभी-कभी शाम-सवेरे हो जाते हैं, वह बच्चे को उछालता है, दुलारता है, कभी गोद में लेकर या उँगली पकड़कर सैर कराने ले जाता है और बस, यही उसके कर्तव्य की इति है। वह परदेश चला जाये, बच्चे को परवा नहीं होती, लेकिन माँ तो बच्चे का सर्वस्व है। बालक एक मिनट के लिए भी उसका वियोग नहीं सह सकता। पिता कोई हो, उसे परवा नहीं, केवल एक उछलने-कूदने वाला आदमी होना चाहिए, लेकिन माता तो अपनी ही होनी चाहिए, सोलहों आने अपनी, वही रूप, वही रंग, वही प्यार, वही सब कुछ। वह अगर नहीं है, तो बालक के जीवन का स्रोत मानो सूख जाता है, फिर वह शिव का नन्दी है, जिस पर फूल या जल चढ़ाना *लाजिमी*[2] नहीं, *अख्तियारी*[3] है। हरिधन की माता का आज दस साल हुए देहान्त हो गया था, उस वक्त उसका विवाह हो चुका था। वह सोलह साल का कुमार था। पर माँ के मरते ही उसे मालूम हुआ, मैं कितना निस्सहाय हूँ। जैसे उस घर पर उसका कोई अधिकार ही न रहा हो। बहनों के विवाह हो चुके थे। भाई कोई दूसरा न था। बेचारा अकेले घर में जाते भी डरता था। माँ के लिए रोता था, पर माँ की परछाईं से डरता था। जिस कोठरी में उसने देह त्याग किया था, उधर वह आँखें तक न उठाता। घर में एक बुआ थी, वह हरिधन को बहुत दुलार करती। हरिधन को अब दूध ज्यादा मिलता, काम भी कम करना पड़ता। बुआ बार-बार पूछती–'बेटा! कुछ खाओगे?' बाप भी अब उसे प्यार करता, उसके लिए अलग एक गाय मँगवा दी। कभी-कभी उसे कुछ पैसे दे देता कि जैसे चाहे खर्च करे। पर इन मरहमों से वह घाव न पूरा होता था, जिसने उसकी आत्मा को आहत कर दिया था। यह दुलार और उसे बार-बार माँ की याद दिलाता। माँ की *घुड़कियों*[4] में जो मजा था, वह क्या इस दुलार में था? माँ से माँगकर, लड़कर, ठुनककर, रूठकर लेने में जो आनन्द था, वह क्या इस भिक्षादान में था? पहले वह स्वस्थ था, माँगकर

---

1. जिम्मा। 2. जरूरी, आवश्यक। 3. अधिकार। 4. डाँट।

खाता, लड़-लड़कर खाता। अब वह बीमार था, अच्छे-से-अच्छे पदार्थ उसे दिये जाते थे, पर भूख न थी।

साल-भरतक वह इस दशा में रहा। फिर दुनिया बदल गयी। एक नयी स्त्री जिसे लोग उसकी माता कहते थे, उसके घर में आयी और देखते-देखते एक काली घटा की तरह उसके संकुचित भूमण्डल पर छा गयी। सारी हरियाली, सारे प्रकाश पर अन्धकार का परदा पड़ गया। हरिधन ने इस नकली माँ से बात तक न की, कभी उसके पास गया तक नहीं। एक दिन घर से निकला और ससुराल चला आया।

बाप ने बार-बार बुलाया, पर उनके जीते-जी वह फिर उस घर में न गया। जिस दिन उसके पिता के देहान्त की सूचना मिली, उसे एक प्रकार का ईर्ष्यामय हर्ष हुआ। उसकी आँखों से आँसू की एक बूँद भी न आयी।

इस नये संसार में आकर हरिधन को एक बार फिर मातृ-स्नेह का आनन्द मिला। उसकी सास ने ऋषि-वरदान की भाँति उसके शून्य जीवन को विभूतियों से परिपूर्ण कर दिया। मरुभूमि में हरियाली उत्पन्न हो गयी। सालियों की चुहल में, सास के स्नेह में, सालों के *वाक्-विलास*[1] में और स्त्री के प्रेम में उसके जीवन की सारी *आकांक्षाएँ*[2] पूरी हो गयीं। सास कहती—'बेटा, तुम इस घर को अपना ही समझो, तुम्हीं मेरी आँखों के तारे हो।' वह उससे अपने लड़कों की, बहुओं की शिकायत करती। वह दिल में समझता था, सास जी मुझे अपने बेटों से भी ज्यादा चाहती हैं। बाप के मरते ही वह घर गया और अपने हिस्से की जायदाद को कूड़ा करके रुपयों की थैली लिये हुए आ गया। अब उसका दूना आदर-सत्कार होने लगा। उसने अपनी सारी सम्पत्ति सास के चरणों पर अर्पण करके अपने जीवन को सार्थक कर दिया। अब तक उसे कभी-कभी घर की याद आ जाती थी। अब भूलकर भी उसकी याद न आती, मानो वह उसके जीवन का कोई भीषण काण्ड था, जिसे भूल जाना ही उसके लिए अच्छा था। वह सबसे पहले उठता, सबसे ज्यादा काम करता, उसका मनोयोग, उसका परिश्रम देखकर गाँव के लोग दाँतों तले उँगली दबाते थे। उसके ससुर का भाग बखानते, जिसे ऐसा दामाद मिल गया, लेकिन ज्यों-ज्यों दिन गुजरते गये, उसका मान-सम्मान घटता गया। पहले देवता था, फिर घर का आदमी, अन्त में घर का दास हो गया। रोटियों में भी बाधा पड़ गयी। अपमान होने लगा। अगर घर के लोग भूखों मरते और साथ ही उसे भी मरना पड़ता, तो उसे जरा भी शिकायत न होती। लेकिन जब देखता, और लोग मूँछों पर ताव दे रहे हैं, केवल मैं ही दूध की मक्खी बना दिया गया

---

1. हास-परिहास। 2. इच्छाएँ।

हूँ, तो उसके *अन्तस्तल*[1] से एक लम्बी, ठण्डी आह निकल आती। अभी उसकी उम्र पच्चीस ही साल की तो थी। इतनी उम्र इस घर में कैसे गुजरती? और तो और, उसकी स्त्री ने भी आँखें फेर लीं। यह उस विपत्ति का सबसे क्रूर दृश्य था।

(तीन)

हरिधन तो उधर भूखा-प्यासा *चिन्ता-दाह*[2] में जल रहा था, इधर घर में सास जी और दोनों सालों में बातें हो रही थीं। गुमानी भी हाँ-में-हाँ मिलाती जाती थी।

बड़े साले ने कहा–'हम लोगों की बराबरी करते हैं। यह नहीं समझते कि किसी ने उनकी जिन्दगी भर का *बीड़ा*[3] थोड़े ही लिया है। दस साल हो गये। इतने दिनों में क्या दो-तीन हजार न हड़प गये होंगे?'

छोटे साले बोले–'मजूर हो तो आदमी घुड़के भी, डाँटे भी, अब इनको कोई क्या कहे। न जाने इनसे कभी *पिण्ड*[4] छूटेगा भी या नहीं। अपने दिल में समझते होंगे, मैंने दो हजार रुपये दिये हैं? यह नहीं समझते कि उनके दो हजार कब के उड़ चके। सवा सेर तो एक जून को चाहिए।'

सास ने गम्भीर भाव से कहा–'बड़ी भारी *खुराक*[5] है।'

गुमानी माता के सिर से जूँ निकाल रही थी। सुलगते हुए हृदय से बोली–'निकम्मे आदमी को खाने के सिवा और काम ही क्या रहता है?'

बड़े–'खाने की कोई बात नहीं है। जिसकी जितनी भूख हो उतना खाये, लेकिन कुछ पैदा भी तो करना चाहिए। यह नहीं समझते कि *पहुनई*[6] में किसी के दिन कटे हैं।'

छोटे–'मैं एक दिन कह दूँगा, अब अपनी राह लीजिए, आपका करजा नहीं खाया है।'

गुमानी घर वालों की ऐसी-ऐसी बातें सुनकर अपने पति से द्वेष करने लगी थी। अगर वह बाहर से चार पैसे लाता, तो इस घर में उसका कितना मान-सम्मान होता, वह भी रानी बनकर रहती। न जाने क्यों बाहर जाकर कमाते हुए उसकी नानी मरती है। गुमानी की मनोवृत्तियाँ अभी तक बिलकुल बालपन की-सी थीं। उसका अपना कोई घर न था। उसी घर का हित-अहित उसके लिए भी प्रधान था। वह भी उन्हीं शब्दों में विचार करती। इस समस्या को उन्हीं आँखों से देखती जैसे उसके घर वाले देखते थे। सच तो, दो हजार रुपये में क्या किसी को मोल ले लेंगे? दस साल में दो हजार होते ही क्या हैं। दो सौ ही तो साल भर के हुए।

---

1. मन, हृदय। 2. दुखपूर्ण सोच। 3. जिम्मा। 4. शरीर। 5. खाने की मात्रा। 6. मेहमान बनकर।

क्या दो आदमी साल भर में दो सौ भी न खायेंगे। फिर कपड़े-लत्ते, दूध-घी, सभी कुछ तो है। दस साल हो गये एक पीतल का छल्ला नहीं बना। घर से निकलते तो जैसे इनके प्रान निकलते हैं। जानते हैं जैसे पहले पूजा होती थी, वैसे ही जनम-भर होती रहेगी। यह नहीं सोचते कि पहले और बात थी, अब और बात है। बहू के ही बाजे बजते हैं। गाँव-मुहल्ले की औरतें उसका मुँह देखने आती हैं और रुपये देती हैं। महीनों उसे घर भर से अच्छा खाने को मिलता है, अच्छा पहनने को। कोई काम नही लिया जाता, लेकिन छः महीनों के बाद कोई उसकी बात भी नहीं पूछता। वह घर-भर की लौण्डी हो जाती है। उनके घर में मेरी भी तो वही गति होती। फिर काहे का रोना। जो यह कहो कि मैं तो काम करता हूँ, तो तुम्हारी भूल है। मजूर की और बात है। उसे आदमी डाँटता भी है, मारता भी है, जब चाहता है, रखता है, जब चाहता है, निकाल देता है। कसकर काम लेता है। यह नहीं है कि जब जी में आया, कुछ काम किया, जब जी में आया, पड़कर सो रहे।

(चार)

हरिधन अभी पड़ा अन्दर ही-अन्दर सुलग रहा था कि दोनों साले बाहर आये और बड़े साहब बोले–'भैया! उठो तीसरा पहर ढल गया, कब तक सोते रहोगे? सारा *चोत*[1] पड़ा हुआ है।

हरिधन चट उठ बैठा और तीव्र स्वर में बोला–'क्या तुम लोगों ने मुझे उल्लू समझ लिया है।'

दोनो साले हक्का-बक्का हो गये। जिस आदमी ने कभी जबान नहीं खोली, हमेशा गुलामों की तरह हाथ बाँधे हाजिर रहा, वह आज एकाएक इतना आत्माभिमानी हो जाये, यह उनको चौंका देने के लिए काफी था। कुछ जवाब न सूझा।

हरिधन ने देखा, उन दोनों के कदम उखड़ गये हैं, तो एक धक्का और देने की प्रबल इच्छा को न रोक सका। उसी ढंग से बोला–'मेरी भी आँखें हैं। अन्धा नहीं हूँ, न बहरा ही हूँ। छाती फाड़कर काम करूँ और उस पर भी कुत्ता समझा जाऊँ, ऐसे गधे कहीं और होंगे।'

अब बड़े साले भी गरम पड़े–'तुम्हें किसी ने यहाँ बाँध तो नहीं रखा है।

अबकी हरिधन *लाजवाब*[2] हुआ। कोई बात न सूझी।

बड़े ने फिर उसी ढंग से कहा–'अगर तुम यह चाहो कि जन्म-भर *पाहुने*[3] बने रहो और तुम्हारा वैसा ही आदर-सत्कार होता रहे, तो यह हमारे वश की बात नहीं है।'

---

1. गाय-भैंस का गोबर। 2. निरुत्तर। 3. अतिथि, मेहमान।

हरिधन ने आँखें निकालकर कहा–'क्या मैं तुम लोगों से कम काम करता हूँ?

बड़े–'यह कौन कहता है?'

हरिधन–'तो तुम्हारे घर की नीति है कि जो सबसे ज्यादा काम करे, वही भूखों मारा जाये?'

बड़े–'तुम खुद खाने नहीं गये। क्या कोई तुम्हारे मुँह में कौर डाल देता?'

हरिधन ने ओंठ चबाकर कहा–'मैं खुद खाने नहीं गया? कहते तुम्हें लाज नहीं आती?'

'नहीं आयी थी, बहन तुम्हें बुलाने?'

छोटे साले ने कहा–'अम्माँ भी तो आयी थीं। तुमने कह दिया, मुझे भूख नहीं है, तो क्या करतीं।'

सास भीतर से लपकी चली आ रही थी। यह बात सुनकर बोली–'कितना कहकर हार गयी, कोई उठे न, तो मैं क्या करूँ?'

हरिधन ने विष, खून और आग से भरे स्वर में कहा–'मैं तुम्हारे लड़कों का जूठा खाने के लिए हूँ? मैं कुत्ता हूँ कि तुम लोग खाकर मेरे सामने रूखी रोटी का एक टुकड़ा फेंक दो?'

बुढ़िया ने ऐंठकर कहा–'तो क्या तुम लड़कों की बराबरी करोगे?'

हरिधन परास्त हो गया। बुढ़िया ने एक ही वाक्-प्रहार में उसका काम तमाम कर दिया। उसकी तनी हुई भवें ढीली पड़ गयीं, आँखों की आग बुझ गयी, फड़कते हुए नथुने शान्त हो गये। किसी आहत मनुष्य की भाँति वह जमीन पर गिर पड़ा। 'क्या तुम मेरे लड़कों की बराबरी करोगे?' यह वाक्य एक लम्बे भाले की तरह उसके हृदय में चुभता चला जाता था। न हृदय का अन्त था, न उस भाले का।

(पाँच)

सारे घर ने खाया, पर हरिधन न उठा। सास ने मनाया, सालियों ने मनाया, ससुर ने मनाया, दोनों साले मनाकर थक गये। हरिधन न उठा, वहीं द्वार पर एक टाट पर पड़ा था। उसे उठाकर सबसे अलग कुएँ पर ले गया और जगत पर बिछाकर पड़ा रहा।

रात भींग चुकी थी। अनन्त आकाश में उज्ज्वल तारे बालकों की भाँति क्रीड़ा कर रहे थे। कोई नाचता था, कोई उछलता था, कोई हँसता था, कोई आँखें मींचकर फिर खोल देता था। रह-रहकर कोई साहसी बालक *सपाटा*[1] भर कर एक पल में उस विस्तृत क्षेत्र को पार कर लेता था और न जाने कहाँ छिप

---

1. एक ही साँस में दौड़।

जाता था। हरिधन को अपना बचपन याद आया, जब वह भी इसी तरह क्रीड़ा करता था। उसकी बाल-स्मृतियाँ उन्हीं चमकीले तारों की भाँति प्रज्वलित हो गयीं। वह अपना छोटा-सा घर, वह आम के बाग जहाँ वह *केरियाँ*[1] चुना करता था, वह मैदान जहाँ कबड्डी खेला करता था, सब उसे याद आने लगे। फिर अपनी स्नेहमयी माता की *सदय*[2] मूर्ति उसके सामने खड़ी हो गयी। उन आँखों में कितनी करुणा थी, कितनी दया थी। उसे ऐसा जान पड़ा मानो माता आँखों में आँसू भरे, उसे छाती से लगा लेने के लिए हाथ फैलाये उसकी ओर चली आ रही है। वह उस मधुर भावना में अपने को भूल गया। ऐसा जान पड़ा मानो माता ने उसे छाती से लगा लिया है और उसके सिर पर हाथ फेर रही है। वह रोने लगा, फूट-फूटकर रोने लगा। उसी आत्म-सम्मोहित दशा में उसके मुँह से यह शब्द निकला-'अम्माँ! तुमने मुझे इतना भुला दिया। देखो, तुम्हारे प्यारे लाल की क्या दशा हो रही है? कोई उसे पानी को भी नहीं पूछता। क्या जहाँ तुम हो, वहाँ मेरे लिए जगह नहीं है?'

सहसा गुमानी ने आकर पुकारा-'क्या सो गये तुम? *नौज*[3] किसी को ऐसी राक्षसी नींद आये! चलकर खा क्यों नहीं लेते? कब तक कोई तुम्हारे लिए बैठा रहे?'

हरिधन उस कल्पना-जगत् से क्रूर प्रत्यक्ष में आ गया। वही कुएँ की जगत् थी, वही फटा हुआ टाट और गुमानी सामने खड़ी कह रही थी-'कब तक कोई तुम्हारे लिए बैठा रहे।'

हरिधन उठ बैठा और मानो तलवार म्यान से निकालकर बोला-'भला तुम्हें मेरी सुध तो आयी। मैंने तो कह दिया था, मुझे भूख नहीं है।'

गुमानी-'तो कै दिन न खाओगे?'

'अब इस घर का पानी भी न पीऊँगा। तुम्हे मेरे साथ चलना है या नहीं?'

दृढ़ संकल्प से भरे हुए इन शब्दों को सुनकर गुमानी *सहम*[4] उठी। बोली-'कहाँ जा रहे हो?'

हरिधन ने मानो नशे में कहा-'तुझे इससे क्या मतलब? मेरे साथ चलेगी या नहीं? फिर पीछे से न कहना, मुझसे कहा नहीं।'

गुमानी आपत्ति के भाव से बोली-तुम बताते क्यों नहीं, कहाँ जा रहे हो?

'तुम मेरे साथ चलेगी या नहीं?'

'जब तक तुम बता न दोगे, मैं नहीं जाऊँगी।'

---

1. पेड़ों से गिरी हुई आम छोटी-फलियाँ। 2. दयापूर्ण। 3. ईश्वर न करे। 4. आशंका से भयभीत होना।

'तो मालूम हो गया, तू नहीं जाना चाहती। मुझे इतना ही पूछना था, नहीं तो अब तक मैं आधी दूर निकल गया होता।'

यह कहकर वह उठा और अपने घर की ओर चला। गुमानी पुकारती रही–'सुन लो, सुन लो', पर उसने पीछे *फिरकर*[1] भी न देखा।

(छः)

तीस मील की मंजिल हरिधन ने पाँच घण्टों में तय की। जब वह अपने गाँव की *अमराइयों*[2] के सामने पहुँचा, तो उसकी मातृ-भावना ऊषा की सुनहरी गोद में खेल रही थी। उन वृक्षों को देखकर उसका *विह्वल-हृदय*[3] नाचने लगा। मन्दिर का वह सुनहरा कलश देखकर वह इस तरह दौड़ा मानो एक छलाँग में उसके ऊपर जा पहुँचेगा। वह वेग में दौड़ा जा रहा था मानो उसकी माता गोद फैलाये उसे बुला रही हो। जब वह आमों के बाग में पहुँचा, जहाँ डालियों पर बैठकर वह हाथी की सवारी का आनन्द पाता था, जहाँ की कच्ची बेरों और *लिसोड़ों*[4] में एक स्वर्गीय स्वाद था, तो वह बैठ गया और भूमि पर सिर झुका कर रोने लगा, मानो अपनी माता को अपनी विपत्ति-कथा सुना रहा हो। वहाँ के प्रकाश में, मानो उसकी विराट रूपिणी माता व्याप्त हो रही थी। वहाँ की अंगुल-अंगुल भूमि माता के पद-चिह्नों से पवित्र थी। माता के स्नेह में डूबे हुए शब्द अभी तक मानो आकाश में गूँज रहे थे। इस वायु और इस आकाश में न जाने कौन-सी संजीवनी थी, जिसने उसके *शोकार्त*[5] हृदय को *बालोत्साह*[6] से भर दिया। वह एक पेड़ पर चढ़ गया और पेड़ से आम तोड़-तोड़कर खाने लगा। सास के वह कठोर शब्द, स्त्री का वह निष्ठुर आघात, वह सारा अपमान वह भूल गया। उसके पाँव फूल गये थे, तलवों में जलन हो रही थी, पर इस आनन्द में उसे किसी बात का ध्यान न था।

सहसा रखवाले ने पुकारा–'वह कौन ऊपर चढ़ा हुआ है रे! उतर अभी, नहीं तो ऐसा पत्थर खींचकर मारूँगा कि वहीं ठण्डे हो जाओगे।'

उसने कई गालियाँ भी दीं। इस फटकार और इन गालियों में इस समय हरिधन को अलौकिक आनन्द मिल रहा था। वह डालियों में छिप गया, कई आम काट-काटकर नीचे गिराये, और जोर से ठट्ठा मारकर हँसा। ऐसी उल्लास से भरी हुई हँसी उसने बहुत दिन से न हँसी थी।

रखवाले को वह हँसी परिचित-सी मालूम हुई। मगर हरिधन यहाँ कहाँ। वह तो ससुराल की रोटियाँ तोड़ रहा है। कैसा हँसोड़ा था, कितना *चिबिल्ला*[7]।

---

1. मुड़कर। 2. आम के बगीचे। 3. प्रसन्नता से पूर्ण मन। 4. एक फल। 5. दुख से भरा। 6. बालोचित उत्साह। 7. चंचल।

न जाने बेचारे का क्या हाल हुआ? पेड़ की डाल से तालाब में कूद पड़ता था। अब गाँव में ऐसा कौन है?

डाँटकर बोला–'वहाँ बैठे-बैठे हँसोगे, तो आकर सारी हँसी निकाल दूँगा, नहीं सीधे से उतर आओ।'

वह गालियाँ देने जा रहा था कि एक गुठली आकर उसके सिर पर लगी। सिर सहलाता हुआ बोला–'यह कौन शैतान है? नहीं मानता, ठहर तो, मैं आकर तेरी खबर लेता हूँ।'

उसने अपनी लकड़ी नीचे रख दी और बन्दरों की तरह चटपट ऊपर चढ़ गया। देखा तो हरिधन बैठा मुस्कुरा रहा है। चकित होकर बोला–'अरे हरिधन! तुम यहाँ कब आये! इस पेड़ पर कबसे बैठे हो?'

दोनों बचपन के सखा वहीं गले मिले।

'यहाँ कब आये? चलो, घर चलो भले आदमी, क्या वहाँ आम भी *मयस्सकर*[1] न होते थे?'

हरिधन ने मुस्कुराकर कहा–'मँगरू! इन आमों में जो स्वाद है, वह और कहीं के आमों में नहीं है। गाँव का क्या रंग-ढंग है?'

मँगरू–'सब *चैनचान*[2] है भैया! तुमने तो जैसे नाता ही तोड़ लिया। इस तरह कोई अपना गाँव-घर छोड़ देता है? जब से तुम्हारे दादा मरे सारी *गिरस्ती*[3] चौपट हो गयी। दो छोटे-छोटे लड़के हैं, उनके किये क्या होता है?'

हरिधन–'मुझे अब उस गिरस्ती से क्या वास्ता है भई? मैं तो अपना ले-दे चुका। मजूरी तो मिलेगी न? तुम्हारी गैया मैं ही चरा दिया करूँगा, मुझे खाने को दे देना।'

मँगरू ने अविश्वास के भाव से कहा–'अरे भैया कैसी बात करते हो, तुम्हारे लिए जान तक हाजिर है। क्या ससुराल में अब न रहोगे? कोई चिन्ता नहीं। पहले तो तुम्हारा घर ही है। उसे सम्भालो। छोटे-छोटे बच्चे हैं, उनको पालो। तुम नयी अम्माँ से *नाहक*[4] डरते थे। बड़ी सीधी है बेचारी। बस, अपनी माँ ही समझो। तुम्हें पाकर तो *निहाल*[5] हो जायेगी। अच्छा, घरवाली को भी तो लाओगे?'

हरिधन–'उसका अब मुँह न देखूँगा। मेरे लिए वह मर गयी।'

मँगरू–'तो दूसरी सगाई हो जायेगी। अबकी ऐसी *मेहरिया*[6] ला दूँगा कि उसके पैर धो-धोकर पिओगे, लेकिन कहीं पहली भी आ गयी तो?'

हरिधन–'वह न आयेगी।'

---

1. प्राप्त, उपलब्ध। 2. ठीक-ठाक। 3. गृहस्थी। 4. बेकार। 5. पूर्णकाम। 6. स्त्री, पत्नी।

(सात)

हरिधन अपने घर पहुँचा तो दोनों भाई, 'भैया आये! भैया आये!' कहकर भीतर दौड़े और माँ को खबर दी।

उस घर में कदम रखते ही हरिधन को ऐसी शान्त महिमा का अनुभव हुआ मानो वह अपनी माँ की गोद में बैठा हुआ है। इतने दिनों ठोकरें खाने से उसका हृदय कोमल हो गया था। जहाँ पहले अभिमान था, आग्रह था, हेकड़ी थी, वहाँ अब उस पर मामूली दवा भी असर कर सकती थी। किले की दीवारें छिद चुकी थीं, अब उसमें घुस जाना असाध्य न था। वही घर जिससे वह एक दिन विरक्त हो गया था, अब गोद फैलाये उसे आश्रय देने को तैयार था। हरिधन का निरालम्ब मन यह आश्रय पाकर मानो तृप्त हो गया।

शाम को विमाता ने कहा–'बेटा! तुम घर आ गये, हमारे धन्न भाग। अब इन बच्चों को पालो, माँ का नाता न सही, बाप का नाता तो है ही। मुझे एक रोटी दे देना, खाकर एक कोने में पड़ी रहूँगी। तुम्हारी अम्माँ से मेरा बहन का नाता है। उस नाते से भी तो तुम मेरे लड़के होते हो?'

हरिधन की मातृ-विह्वल आँखों को विमाता के रूप में अपनी माता के दर्शन हुए। घर के एक-एक कोने में मातृ-स्मृतियों की छटा चाँदनी की भाँति छिटकी हुई थी, विमाता का प्रौढ़ मुखमण्डल भी उसी छटा से रंजित था।

दूसरे दिन हरिधन फिर कन्धे पर हल रखकर खेत को चला। उसके मुख पर उल्लास था और आँखों में गर्व। वह अब किसी का आश्रित नहीं, आश्रयदाता था। किसी के द्वार का भिक्षुक नहीं, घर का रक्षक था।

एक दिन उसने सुना, गुमानी ने दूसरा घर कर लिया। माँ से बोला–'तुमने सुना काकी! गुमानी ने घर कर लिया।'

काकी ने कहा–'घर क्या कर लेगी, ठठ्टा है? बिरादरी में ऐसा अन्धेर? पंचायत नहीं, अदालत तो है।'

हरिधन ने कहा–'नहीं काकी! बहुत अच्छा हुआ। ला, महाबीर जी को लड्डू चढ़ा आऊँ। मैं तो डर रहा था, कहीं मेरे गले न आ पड़े। भगवान् ने मेरी सुन ली। मैं वहाँ से यही ठानकर चला था, अब उसका मुँह न देखूँगा।'

शिक्षा

अपनी झोपड़ी में जो सुख है, वह दूसरों के घर में नहीं।

सन्देश

➤ घरजमाई बनकर रहना अपने आत्मसम्मान और स्वाभिमान को खो देना है।

➤ घरजमाई होने का मतलब है– चार दिन की चाँदनी, फिर अँधेरी रात होना।

➤ घरजमाई होने से बचना चाहिए, क्योंकि उसमें सम्मान नहीं रह जाता।

दारोगाजी

सन् 1902 में प्रेमचन्द का पहला सामाजिक उपन्यास 'वरदान' प्रकाशित हुआ जिसमें प्रेम और बिवाह की सामाजिक समस्या का चित्रण किया गया।

कल शाम को एक जरूरत से ताँगे पर बैठा हुआ जा रहा था कि रास्ते में एक और महाशय ताँगे पर आ बैठे। ताँगे वाला उन्हें बैठाना तो न चाहता था, पर इनकार भी न कर सकता था। पुलिस के आदमी से झगड़ा कौन मोल ले। यह साहब किसी थाने के दारोगा थे। एक मुकदमे की पैरवी करने सदर आये थे। मेरी आदत है कि पुलिस वालों से बहुत कम बोलता हूँ। सच पूछिए, तो मुझे उनकी सूरत से नफरत है। उनके हाथों प्रजा को कितने कष्ट उठाने पड़ते हैं, इसका अनुभव इस जीवन में कई बार कर चुका हूँ। मैं जरा एक तरफ खिसक गया और मुँह फेरकर दूसरी ओर देखने लगा कि दारोगाजी बोले–'जनाब! यह आम शिकायत है कि पुलिस वाले बहुत *रिश्वत*[1] लेते हैं, लेकिन यह कोई नहीं देखता कि पुलिस वाले रिश्वत लेने के लिए कितने मजबूर किये जाते हैं। अगर पुलिस वाले रिश्वत लेना बन्द कर दें, तो मैं *हलफ*[2] से कहता हूँ, ये जो बड़े-बड़े ऊँची पगड़ियों वाले *रईस*[3] नजर आते हैं, सब-के-सब जेलखाने के अन्दर बैठे दिखायी दें। अगर हर एक मामले का *चालान*[4] करने लगें, तो दुनिया पुलिस वालों को और भी बदनाम करे। आपको यकीन न आयेगा जनाब! रुपये की थैलियाँ गले लगायी जाती हैं। हम हजार इनकार करें, पर चारों तरफ से ऐसे दबाव पड़ते हैं कि लाचार होकर लेना ही पड़ता है।'

मैंने उपहास के भाव से कहा–'जो काम रुपया लेकर किया जाता है, वही काम बिना रुपये लिये भी तो किया जा सकता है।'

दारोगाजी हँसकर बोले–'वह तो गुनाह-*बेलज्जत*[5] होगा, बन्दापरवर! पुलिस का आदमी इतना कट्टर देवता नहीं होता, और मेरा ख्याल है कि शायद कोई इनसान भी इतना बेलौस नहीं हो सकता। और, सींगों के लोगों को भी देखता हूँ, मुझे तो कोई देवता न मिला......।

---

1. घूस। 2. शपथ। 3. धनवान। 4. मुकदमा दर्ज करना। 5. ऐसा दुष्कर्म जिसमें कोई आनन्द न हो।

मैं अभी इसका कुछ जवाब दे ही रहा था कि एक मियाँ साहब लम्बी *अचकन*[1] पहने, तुर्की टोपी लगाये, ताँगे के सामने से निकले। दारोगाजी ने उन्हें देखते ही झुककर सलाम किया और शायद मिजाज-*शरीफ*[2] पूछना चाहते थे कि उस भले आदमी ने सलाम का जवाब गालियों से देना शुरू किया। जब ताँगा कई कदम आगे निकल आया, तो वह एक पत्थर लेकर ताँगे के पीछे दौड़ा। ताँगे वाले ने घोड़े को तेज किया। उस भलेमानुस ने भी कदम तेज किये और पत्थर फेंका। मेरा सिर बाल-बाल बच गया। उसने दूसरा पत्थर उठाया, वह हमारे सामने आकर गिरा। तीसरा पत्थर इतनी जोर से आया कि दारोगाजी के घुटने में बड़ी चोट आयी, पर इतनी देर में ताँगा इतनी दूर निकल आया कि हम पत्थरों की मार से दूर हो गये थे। हाँ, गालियों की मार अभी तक जारी थी। जब तक वह आदमी आँखों से ओझल न हो गया, हम उसे एक हाथ में पत्थर उठाये, गालियाँ बकते हुए देखते रहे।

जब जरा चित्त शान्त हुआ, मैंने दारोगाजी से पूछा–'यह कौन आदमी है, साहब? कोई पागल तो नहीं है?'

दारोगाजी ने घुटने को सहलाते हुए कहा–'पागल नहीं है साहब! मेरा पुराना दुश्मन है। मैंने समझा था, *जालिम*[3] पिछली बातें भूल गया होगा। वरना मुझे क्या पड़ी थी कि सलाम करने जाता।'

मैंने पूछा–'आपने इसे किसी मुकदमें में सजा दिलायी होगी?'

'बड़ी लम्बी दास्तान है जनाब! बस इतना ही समझ लीजिए कि इसका बस चले, तो मुझे जिन्दा ही निगल जाये।'

'आप तो शोक की आग को और भड़का रहे हैं। अब तो वह दास्तान सुने बगैर *तस्कीन*[4] न होगी।'

दारोगाजी ने पहलू बदलकर कहा–'अच्छी बात है, सुनिए! कई साल हुए हैं, मैं सदर में ही तैनात था। बेफिक्री के दिन थे, ताजा खून, एक माशूका से आँख लड़ गयी। आमदरफ्त शुरू हुई। अब भी जब उस हसीना की याद आती है, तो आँखों में आँसू निकल आते हैं। बाजारू औरतों में इतनी हया, इतनी वफा, इतनी मुरव्वत मैंने नहीं देखी। दो साल उसके साथ इतने लुत्फ से गुजरे कि आज भी उसकी याद करके रोता हूँ। मगर किस्से को बढ़ाऊँगा नहीं, वरना अधूरा ही रह जायेगा। *मुख्तसर*[5] यह है कि दो साल के बाद मेरे तबादले का हुक्म आ गया, उस वक्त दिल को जितना *सदमा*[6] पहुँचा, उसका जिक्र करने के लिए दफ्तर

---

1. शेरवानी। 2. हाल-चाल। 3. कठोर हृदय। 4. तसल्ली। 5. संक्षिप्त। 6. धक्का।

चाहिए। बस यही जी चाहता था कि इस्तीफा दे दूँ। उस हसीना ने यह खबर सुनी, तो उसकी जान-सी निकल गयी। सफर की तैयारी के लिए मुझे तीन दिन मिले थे। ये तीन दिन हमने मंसूबे बाँधने में काटे। उस वक्त मुझे अनुभव हुआ कि औरतों को अक्ल से खाली समझने में हमने कितनी बड़ी गलती की है। मेरे मंसूबे शेखचिल्ली के-से *हाँकते*[1] थे। कलकत्ते भाग चलें, वहाँ कोई दुकान खोल दें, या इसी तरह कोई दूसरी *तजवीज*[2] करता। लेकिन वह यही जवाब देती कि अभी वहाँ जाकर अपना काम करो। जब मकान का बन्दोबस्त हो जाये, तो मुझे बुला लेना। मैं दौड़ी चली आऊँगी।

आखिर जुदाई की घड़ी आयी। मुझे मालूम होता था कि अब जान न बचेगी। गाड़ी का वक्त निकला जाता था और मैं उसके पास से उठने का नाम न लेता था। मगर मैं फिर किस्से को तूल देने लगा। खुलासा यह कि मैं उसे दो-तीन दिन में बुलाने का वादा करके *रुखसत*[3] हुआ। पर अफसोस! वे दो-तीन दिन कभी न आये। पहले दस-पाँच दिन तो अफसरों से मिलने और इलाके की देखभाल में गुजरे। इसके बाद घर से खत आ गया कि तुम्हारी शादी तय हो गयी, रुखसत लेकर चले आओ। शादी की खुशी में उस वफा की देवी की मुझे फिक्र न रही। शादी करके महीने-भर बाद लौटा, तो बीवी साथ थी। रही-सही याद भी जाती रही। उसने एक महीने के बाद एक खत भेजा, पर मैंने उसका जवाब न दिया। डरता रहता था कि कहीं एक दिन वह आकर सिर पर सवार न हो जाये, फिर बीवी को मुँह दिखाने लायक भी न रह जाऊँ।

साल भर के बाद मुझे एक काम से सदर आना पड़ा। उस वक्त मुझे उस औरत की याद आयी, सोचा, जरा चलकर देखना चाहिए कि किस हालत में है। फौरन अपने खत न भेजने और इतने दिनों तक न आने का जवाब सोच लिया और उसके द्वार पर जा पहुँचा। दरवाजा साफ-सुथरा था। मकान की हालत भी पहले से अच्छी थी। दिल को खुशी हुई कि इसकी हालत उतनी खराब नहीं है, जितनी मैंने समझी थी। और, क्यों खराब होने लगी। मुझ जैसे दुनिया में क्या और आदमी ही नहीं हैं।

मैंने दरवाजा खटखटाया। अन्दर से वह बन्द था। आवाज आयी—'कौन है?'

मैंने कहा—'वाह! इतनी जल्दी भूल गयीं, मैं हूँ, बशीर...।'

कोई जवाब न मिला। आवाज उसी की थी, इसमें शक नहीं, फिर दरवाजा क्यों नहीं खोलती? जरूर मुझसे नाराज है। मैंने फिर किवाड़ खटखटाये और लगा अपनी मुसीबतों का किस्सा सुनाने। कोई पन्द्रह मिनट के बाद दरवाजा खुला।

---

1. उड़ान। 2. प्रबन्ध। 3. विदा।

हसीना ने मुझे इशारे से अन्दर बुलाया और चट किवाड़ बन्द कर लिये। मैंने कहा–'मैं तुमसे मुआफी माँगने आया हूँ। यहाँ से जाकर मैं बड़ी मुश्किल में फँस गया। इलाका इतना खराब है कि दम मारने की *मुहलत*[1] नहीं मिलती।'

हसीना ने मेरी तरफ न देखकर जमीन की तरफ ताकते हुए कहा–'मुआफी किस बात की? तुमसे मेरा *निकाह*[2] तो हुआ न था। दिल कहीं और लग गया, तो मेरी याद क्यों आती। मुझे तुमसे कोई शिकायत नहीं। जैसा और लोग करते हैं, वैसा ही तुमने किया। यही क्या कम है कि इतने दिनों के बाद इधर आ तो गये। रहे तो *खैरियत*[3] से?'

'किसी तरह जिन्दा हूँ।'

'शायद *जुदाई*[4] में घुलते-घुलते यह तोंद निकल आयी है। खुदा झूठ न बुलवाये, तब से दूने हो गये।'

मैंने झेंपते हुए कहा–'यह सारा *बलगम*[5] का फिसाद है। भला मोटा मैं क्या होता। उधर का पानी निहायत *बलगमी*[6] है। तुमने तो मेरी याद ही भुला दी।'

उसने अबकी मेरी ओर तेज निगाहों से देखा और बोली–'खत का जवाब तक न दिया, उलटे मुझी को *इलजाम*[7] देते हो। मैं तुम्हें शुरू से *बेवफा*[8] समझती थी और तुम वैसे ही निकले। बीवी लाये और मुझे खत तक न लिखा?'

मैंने *ताज्जुब*[9] से पूछा–'तुम्हें कैसे मालूम हुआ कि मेरी शादी हो गयी?'

उसने *रुखाई*[10] से कहा–'यह पूछकर क्या करोगे? झूठ तो नहीं कहती। बेवफा बहुत देखे, लेकिन तुम सबसे बढ़कर निकले। तुम्हारी आवाज सुनकर जी में तो आया कि दुत्कार दूँ, लेकिन यह सोचकर दरवाजा खोल दिया कि अपने दरवाजे पर किसी को क्या *जलील*[11] करूँ।'

मैंने कोट उतारकर खूँटी पर लटका दिया, जूते भी उतार डाले और चारपाई पर लेटकर बोला–'लैली! देखो, इतनी बेरहमी से न *पेश*[12] आओ। मैं तो अपनी *खताओं*[13] को खुद *तस्लीम*[14] करता हूँ और इसीलिए अब तुमसे मुआफी माँगने आया हूँ। जरा अपने नाजुक हाथों से एक पान तो खिला दो। सच कहना, तुम्हें मेरी याद काहे को आती होगी। कोई और यार मिल गया होगा।'

लैली पानदान खोलकर पान बनाने लगी कि एकाएक किसी ने किवाड़ खटखटाये। मैंने घबराकर पूछा–'यह कौन शैतान आ पहुँचा?'

हसीना ने होंठो पर उँगली रखते हुए कहा–'यह मेरे *शौहर*[15] हैं। तुम्हारी तरफ से जब निराश हो गयी, तो मैंने इनके साथ निकाह कर लिया।'

---

1. अवकाश। 2. विवाह। 3. कुशल। 4. विदाई। 5. कफ। 6. कफयुक्त। 7. आरोप। 8. अविश्वासी।
9. आश्चर्य। 10. शुष्कता, सूखापन। 11. बेइज्जत 12. व्यवहार। 13. स्वीकार। 14. गलतियाँ। 15. पति।

मैंने त्योरियाँ चढ़ाकर कहा–'तो तुमने मुझसे पहले ही क्यों न बता दिया, मैं उलटे पाँव लौट न जाता, यह नौबत क्यों आती। न जाने कब की यह कसर निकाली।'

'मुझे क्या मालूम कि यह इतने जल्द आ पहुँचेंगे। रोज तो पहर रात गये आते थे। फिर तुम इतनी दूर से आये थे। तुम्हारी कुछ खातिर भी तो करनी थी।'

'यह अच्छी खातिर की। बताओ, अब मैं जाऊँ कहाँ?'

'मेरी समझ में खुद कुछ नहीं आ रहा है। या अल्लाह! किस *अजाब*[1] में फँसी।'

इतने में उन साहब ने फिर दरवाजा खटखटाया। ऐसा मालूम होता था कि किवाड़ तोड़ डालेगा। हसीना के चेहरे पर एक रंग आता था, एक रंग जाता था। बेचारी खड़ी काँप रही थी। बस जबान से यही निकलता था–'या अल्लाह! *रहम*[2] कर।'

बाहर से आवाज आयी–'अरे, तुम क्या *सरेशाम*[3] ही सो गयीं? अभी तो आठ भी नहीं बजे। कहीं साँप तो नहीं सूँघ गया। अल्लाह जानता है, अब और देर की, तो किवाड़ *चिड़वा*[4] डालूँगा।'

मैंने गिड़गिड़ाकर कहा–'खुदा के लिए मेरे छिपने की कोई जगह बताओ। पिछवाड़े कोई दरवाजा नहीं?'

'न!'

'*सण्डास*[5] तो है?'

'सबसे पहले वह वहीं जायेंगे।'

'अच्छा, वह सामने कोठरी कैसी है?'

'हाँ, है तो, लेकिन कहीं कोठरी खोलकर देखा तो?'

'क्या बहुत डबल[6] आदमी है?'

'तुम जैसे दो को बगल में दबा ले।'

'तो खोल दो कोठरी। वह ज्यों ही अन्दर आयेगा, मैं दरवाजा खोलकर निकल भागूँगा।'

हसीना ने कोठरी खोल दी। मैं अन्दर जा घुसा। दरवाजा फिर बन्द हो गया।

मुझे कोठरी में बन्द करके हसीना ने जाकर सदर दरवाजा खोला और बोली–'क्यों किवाड़ तोड़े डालते हो? आ तो रही हूँ।'

---

1. विपत्ति। 2. दया। 3. सन्ध्या। 4. फाड़ने, चीरने की क्रिया। 5. पाखाना घर।
6. दो व्यक्तियों के बराबर एक।

मैंने कोठरी के किवाड़ों के दराजों[1] से देखा। आदमी क्या पूरा देव[2] था। अन्दर आते ही बोला—'तुम सरेशाम से सो गयी थीं।'

'हाँ, जरा आँख लग गयी थी।'

'मुझे तो ऐसा मालूम हो रहा था कि तुम किसी से बातें कर रही हो।'

'वहम[3] की दवा तो लुकमान[4] के पास भी नहीं।'

'मैंने साफ सुना। कोई-न-कोई था जरूर। तुमने उसे कहीं छिपा रखा है।'

'इन्हीं बातों पर तुमसे मेरा जी जलता है। सारा घर तो पड़ा है, देख क्यों नहीं लेते।'

'देखूँगा तो मैं जरूर ही, लेकिन तुमसे सीधे-सीधे पूछता हूँ, बतला दो, कौन था?'

हसीना ने कुंजियों का गुच्छा फेंकते हुए कहा—'और कोई था, तो घर ही में न होगा! लो, सब जगह देख आओ। सुई तो है नहीं कि मैंने कहीं छिपा दी है।'

वह शैतान इन चकमों[5] में न आया। शायद पहले भी ऐसा ही चरका[6] खा चुका था। कुंजियों का गुच्छा उठाकर सबसे पहले मेरी कोठरी के द्वार पर आया और उसके ताले को खोलने की कोशिश करने लगा। गुच्छे में उस ताले की कुंजी न थी। बोला—'इस कोठरी की कुंजी कहाँ है?'

हसीना ने बनावटी ताज्जुब[7] से कहा—'अरे, तो क्या उसमें कोई छिपा बैठा है? वह तो लकड़ियों से भरी पड़ी है।'

'तुम कुंजी दे दो न।'

'तुम भी कभी-कभी पागलों के-से काम करने लगते हो। अन्धेरे में कोई साँप-बिच्छू निकल आये तो! ना भैया, मैं उसकी कुंजी न दूँगी।'

'बला से साँप निकल आयेगा। अच्छा ही हो, निकल आये। इस बेहयाई[8] की जिन्दगी से तो मौत ही अच्छी।'

हसीना ने इधर-उधर तलाश करके कहा—'न जाने उसकी कुंजी कहाँ रख दी। ख्याल नहीं आता।'

'इस कोठरी में तो मैंने पहले कभी ताला नहीं देखा।'

'मैं तो रोज लगाती हूँ। शायद कभी लगाना भूल गयी हूँ, तो नहीं कह सकती।'

'तो तुम कुंजी न दोगी?'

---

1. दरार। 2. दैत्य, विशाल शरीर वाला। 3. सन्देह। 4. फारस का एक प्राचीन वैद्य। 5. भुलावा। 6. धोखा। 7. आश्चर्य। 8. निर्लज्जता।

'कहती तो हूँ, इस वक्त नहीं मिल रही है।'

'कहे देता हूँ, कच्चा ही खा जाऊँगा।'

अब तो मैं किसी तरह *जब्त*[1] किये खड़ा रहा। बार-बार अपने ऊपर गुस्सा आ रहा था कि यहाँ क्यों आया। न जाने यह शैतान कैसे पेश आये। कहीं *तैश*[2] में आकर मार ही न डाले। मेरे हाथों में तो कोई छुरी भी नहीं। या खुदा! अब तू ही मालिक है। दम रोके हुए खड़ा था कि एक पल का भी मौका मिले, तो निकल भागूँ, लेकिन जब उस *मरदूद*[3] ने किवाड़ों को जोर से धमधमाना शुरू किया, तब तो *रूह*[4] ही *फना*[5] हो गयी। इधर-उधर निगाह डाली कि किसी कोने में छिपने की जगह है या नहीं! किवाड़ के दराजों से कुछ रोशनी आ रही थी। ऊपर जो निगाह उठायी, तो एक मचान-सा दिखायी दिया। डूबते को तिनके का सहारा मिल गया। उचककर चाहता था कि ऊपर चढ़ जाऊँ कि मचान पर एक आदमी को बैठे देखकर उस हालत में मेरे मुँह से चीख निकल गयी। यह हजरत अचकन पहने, घड़ी लगाये, एक खूबसूरत *साफा*[6] बाँधे, उकड़ूँ बैठे हुए थे। अब मुझे मालूम हुआ कि मेरे लिए दरवाजा खोलने में हसीना ने इतनी देर क्यों की थी। अभी इनको देख ही रहा था कि दरवाजे पर मूसल की चोटें पड़ने लगीं। मामूली किवाड़ तो थे ही, तीन-चार चोटों में दोनों किवाड़ नीचे आ रहे और वह मरदूद लालटेन लिये कमरे में घुसा। उस वक्त मेरी क्या हालत थी, इसका अन्दाजा आप खुद कर सकते हैं। उसने मुझे देखते ही लालटेन रख दी और मेरी गर्दन पकड़कर बोला–'अच्छा, आप यहाँ *तशरीफ*[7] रखते हैं। आइए, आपकी कुछ खातिर करूँ। ऐसे मेहमान रोज कहाँ मिलते हैं।'

यह कहते हुए उसने मेरा एक हाथ पकड़कर इतने जोर से बाहर की तरफ ढकेला कि मै आँगन में औंधा जा गिरा। उस शैतान की आँखों से अंगारे निकल रहे थे। मालूम होता था, उसके होंठ मेरा खून चूसने के लिए बढ़े आ रहे हैं। मैं अभी जमीन से उठने भी न पाया था कि वह कसाई एक बड़ा-सा तेज छुरा लिये मेरी गरदन पर आ पहुँचा, मगर जनाब, हूँ पुलिस का आदमी। उस वक्त मुझे एक चाल सूझ गयी। उसने मेरी जान बचा ली, वरना आज आपके साथ ताँगे पर न बैठा होता। मैंने हाथ जोड़कर कहा–'हुजूर! मैं बिल्कुल बेकसूर हूँ। मैं तो मीर साहब के साथ आया था।'

उसने गरज कर पूछा–'कौन मीर साहब? मैंने जी कड़ा करके कहा–वही, जो मचान पर बैठे हुए हैं। मैं तो हुजूर का गुलाम ठहरा, जहाँ हुक्म पाऊँगा, आपके साथ जाऊँगा। मेरी इसमें क्या खता है?'

---

1. रोके। 2. आवेश। 3. एक प्रकार की गाली। 4. आत्मा। 5. उड़ना। 6. पगड़ी।
7. बड़प्पन के साथ।

'अच्छा, तो कोई मीर साहब मचान पर भी तशरीफ रखते हैं?'

उसने मेरा हाथ पकड़ लिया और कोठरी में जाकर मचान पर देखा। वह हजरत सिमटे-सिमटाये, भीगी बिल्ली बने बैठे थे। चेहरा ऐसा पीला पड़ गया था कि गोया बदन में जान ही नहीं।

उसने उनका हाथ पकड़कर एक झटका दिया, तो आप धम से नीचे आ रहे। उनका ठाठ देखकर इसमें कोई *शुबहा*[1] न रहा कि वह मेरे मालिक हैं। उनकी सूरत देखकर उस वक्त तरस के साथ हँसी आती थी।

'तू कौन है बे?'

'जी, मैं...मेरा मकान, यह आदमी झूठा है, यह मेरा नौकर नहीं है।'

'तू यहाँ क्या करने आया था?'

'मुझे यही बदमाश (मेरी तरफ देखकर) धोखा देकर लाया था।'

'यह क्यों नहीं कहता कि मजे उड़ाने आया था। दूसरों पर इल्जाम रखकर अपनी जान बचाना चाहता है, सुअर! ले, तू भी क्या समझेगा कि किसके पाले पड़ा था।'

यह कहकर उसने उसी तेज छुरे से उन साहब की नाक काट ली। मैं मौका पाकर बेतहाशा भागा, लेकिन हाय-हाय की आवाज मेरे कानों में आ रही थी। इसके बाद उन दोनों में कैसी छनी, हसीना के सिर पर क्या आफत आयी, इसकी मुझे कुछ खबर नहीं। मैं तब से बीसों बार सदर आ चुका हूँ, पर उधर भूलकर भी नहीं गया। यह पत्थर फेंकने वाले हजरत वही हैं, जिनकी नाक कटी थी। आजन जाने कहाँ से दिखायी पड़ गये और मेरी *शामत*[2] आयी कि उन्हें *सलाम*[3] कर बैठा। आपने उनकी नाक की तरफ शायद *ख्याल*[4] नहीं किया।

मुझे अब ख्याल आया कि उस आदमी की नाक कुछ चिपटी थी। बोला–'हाँ, नाक कुछ चिपटी तो थी। मगर आपने उस गरीब को बुरा चरका दिया।'

'और करता ही क्या?'

'आप दोनों मिलकर उस आदमी को क्या न दबा लेते?'

'जरूर दबा लेते, मगर चोर का दिल आधा होता है। उस वक्त अपनी-अपनी पड़ी थी कि मुकाबला करने की सूझती? कहीं उस *रमझल्ले*[5] में *धर*[6] लिया जाता, तो आबरू अलग जाती और नौकरी से अलग हाथ धोता। मगर अब इस आदमी से होशियार रहना पड़ेगा।'

इतने में चौक आ गया और हम दोनों ने अपनी-अपनी राह ली।

---

1. सन्देह। 2. विपत्ति। 3. नमस्कार। 4. ध्यान। 5. परिस्थिति। 6. पकड़।

शिक्षा

किसी के पद और सूरत पर नहीं जाना चाहिए, उसके दिल को पढ़ो।

सन्देश

➤ पुलिस और वेश्या में चरित्र के विषय में बहुत कुछ समानता होती है।

➤ वेश्या यदि पैसे की भूखी और समाज की एक गन्दगी है, तो पुलिस वाले भी समाज के खटमल हैं जो जनता को चूसते हैं।

➤ समाज में गन्दगी फैलाने का बहुत-सा कार्य पुलिस एवं वेश्या करती है। इनसे न दोस्ती अच्छी न दुश्मनी अच्छी। इनसे बचकर ही रहने में भलाई है।

कफन

प्रेमचन्द को कुछ लोग भारत का गोर्की कहते हैं, तो कुछ लोग हार्डी के रूप में देखते है, क्योंकि उन्होंने ग्रामीण परिस्थितियों का अधिकतर वर्णन किया है और बहुत सजीव चित्रण किया है।

(एक)

झोंपड़े के द्वार पर बाप और बेटा दोनों एक बुझे हुए अलाव के सामने चुपचाप बैठे हुए हैं और अन्दर बेटे की जवान बीवी बुधिया प्रसव-वेदना में पछाड खा रही थी। रह-रहकर उसके मुँह से ऐसी दिल हिला देने वाली आवाज निकलती थी कि दोनों कलेजा थाम लेते थे। जाड़ों की रात थी, प्रकृति सन्नाटे में डूबी हुई। सारा गाँव अन्धकार में लय हो गया था।

घीसू ने कहा–'मालूम होता है, बचेगी नहीं। सारा दिन दौड़ते हो गया, जा देख तो आ।'

माधव चिढ़कर बोला–'मरना ही है, तो जल्दी मर क्यों नहीं जाती? देखकर क्या करूँ?'

'तू बड़ा बेदर्द है बे! साल भर जिसके साथ सुख-चैन से रहा, उसी के साथ इतनी बेवफाई!'

'तो मुझसे तो उसका तड़पना और हाथ-पाँव पटकना नहीं देखा जाता।'

चमारों का *कुनबा*[1] था और सारे गाँव में बदनाम। घीसू एक दिन काम करता, तो तीन दिन आराम करता। माधव इतना काम-चोर था कि आधे घण्टा काम करता, तो घण्टे-भर चिलम पीता। इसलिए उन्हें कहीं मजदूरी नहीं मिलती थी। घर में मुट्ठी-भर भी अनाज मौजूद हो, तो उनके लिए काम करने की कसम थी। जब दो-चार *फाके*[2] हो जाते, तो घीसू पेड़ पर चढ़कर लकड़ियाँ तोड़ लाता और माधव बाज़ार में बेच आता। और, जब तक वह पैसे रहते, दोनों इधर-उधर मारे-मारे फिरते। गाँव में काम की कमी न थी। मगर इन दोनों को उसी वक्त बुलाते, जब दो आदमियों से एक का काम पाकर भी सन्तोष कर लेने के सिवा और कोई चारा न होता। अगर दोनों साधु होते, तो उन्हें सन्तोष और धैर्य के

1. दोला, मुहल्ला, परिवार। 2. उपवास।

लिए, संयम और नियम की बिलकुल जरूरत न होती। यह तो इनकी प्रकृति थी। विचित्र जीवन था इनका। घर में मिट्टी के दो-चार बर्तन के सिवा कोई सम्पत्ति नहीं। फटे चीथड़ों से अपनी नग्नता को ढके हुए जिये जाते थे। संसार की चिन्ताओं से मुक्त, कर्ज से लदे हुए। गालियाँ भी खाते, मार भी खाते, मगर कोई भी गम नहीं। दीन इतने कि वसूली की बिलकुल आशा न रहने पर भी लोग इन्हें कुछ-न-कुछ कर्ज दे देते थे। मटर, आलू की फसल में दूसरों के खेतों से मटर या आलू उखाड़ लाते और भून-भानकर खा लेते या दस-पाँच ऊख लाते और रात को चूसते। घीसू ने इसी आकाश-*वृत्ति*[1] से साठ साल की उम्र काट दी और माधव भी सपूत बेटे की तरह बाप ही के पदचिह्नों पर चल रहा था, बल्कि उसका नाम और भी *उजागर*[2] कर रहा था। इस वक्त भी दोनों अलाव के सामने बैठकर आलू भून रहे थे, जो कि किसी खेत से खोद लाये थे। घीसू की स्त्री का तो बहुत दिन हुए देहान्त हो गया था। माधव का ब्याह पिछले साल हुआ था। जब से यह औरत आयी थी, उसने इस खानदान में व्यवस्था की नींव डाली थी और इन दोनों बे-*गैरतों*[3] का *दोजख*[4] भरती रहती थी। जब से वह आयी, यह दोनों और भी आरामतलब हो गये थे। बल्कि कुछ अकड़ने भी लगे थे। कोई कार्य करने को बुलाता, तो निर्ब्याज भाव से दुगुनी मजदूरी माँगते। वही औरत आज प्रसव-वेदना से मर रही थी और यह दोनों शायद इसी इन्तजार में थे कि वह मर जाये, तो आराम से सोयें।

घीसू ने आलू निकालकर छीलते हुए कहा–'जाकर देख तो, क्या दशा है उसकी? चुड़ैल का फिसाद होगा, और क्या? यहाँ तो ओझा भी एक रुपया माँगता है!'

माधव को भय था, कि वह कोठरी में गया, तो घीसू आलूओं का बड़ा भाग साफ कर देगा। बोला–'मुझे वहाँ जाते डर जगता है।'

'डर किस बात का है, मैं तो यहाँ हूँ ही।'

'तो तुम्हीं जाकर देखो न?'

'मेरी औरत जब मरी थी, तो मैं तीन दिन तक उसके पास से हिला तक नहीं, और फिर मुझसे लजायेगी कि नहीं? जिसका कभी मुँह नहीं देखा, आज उसका उघड़ा हुआ बदन देखूँ? उसे तन की सुध भी तो न होगी? मुझे देख लेगी, तो खुलकर हाथ-पाँव भी न पटक सकेगी!'

'मैं सोचता हूँ, कोई बाल-बच्चा हुआ, तो क्या होगा? सोंठ, गुड़, तेल, कुछ भी तो नहीं है घर में।'

---

1. अचानक आय। 2. प्रकाशित करना, फैलाना। 3. निर्लज्ज। 4. पेट रूपी नरक।

'सब कुछ आ जायेगा। भगवान् दें तो! जो लोग अभी एक पैसा नहीं दे रहे हैं, वे ही कल बुलाकर रुपये देंगे। मेरे नौ लड़के हुए। घर में कभी कुछ न था, मगर भगवान् ने किसी-न-किसी तरह बेड़ा पार ही लगाया।'

जिस समाज में रात-दिन मेहनत करने वालों की हालत, उनकी हालत से कुछ बहुत अच्छी न थी और किसानों के मुकाबले में वे लोग, जो किसानों की दुर्बलताओं से लाभ उठाना जानते थे, कहीं ज्यादा सम्पन्न थे, वहाँ इस तरह की मनोवृत्ति का पैदा हो जाना कोई अचरज की बात न थी। हम तो कहेंगे, 'घीसू' किसानों से कहीं ज्यादा विचारवान् था और किसानों के विचार-शून्य समूह में शामिल होने के बदले बैठकबाजों की कुत्सित मण्डली में जा मिला था। हाँ, उसमें यह शक्ति न थी कि बैठकबाजों के नियम और नीति का पालन करता। इसलिए जहाँ उसकी मण्डली के और लोग गाँव के सरगना और मुखिया बने हुए थे, उस पर सारा गाँव उँगली उठाता था। फिर भी उसे यह *तसकीन*[1] तो थी ही कि अगर वह फटेहाल है तो कम-से-कम उसे किसानों की-सी जाँ-तोड़ मेहनत तो नहीं करनी पड़ती, और उसकी सरलता और निरीहता से दूसरे लोग *बेजा*[2] फायदा तो नहीं उठाते। दोनों आलू निकाल-निकालकर जलते-जलते खाने लगे। कल से कुछ नहीं खाया था। इतना सब्र न था कि ठण्डा हो जाने दें। कई बार दोनों की जबानें जल गयीं। छिल जाने पर आलू का बाहरी हिस्सा बहुत ज्यादा गरम न मालूम होता, लेकिन दाँतों के तले पड़ते ही अन्दर का हिस्सा जबान, *हलक*[3] और तालू को जला देता था और उस अंगारे को मुँह में रखने से ज्यादा खैरियत इसी में थी कि वह अन्दर पहुँच जाये। वहाँ उसे ठण्डा करने के लिए काफी सामान थे। इसलिए दोनों जल्द-जल्द निगल जाते। हालाँकि इस कोशिश में उनकी आँखों से आँसू निकल आते।

घीसू को उसे वक्त ठाकुर की बरात याद आयी, जिसमें बीस साल पहले वह गया था। उस दावत में उसे जो तृप्ति मिली थी, वह उसके जीवन में एक याद रखने लायक बात थी, और आज भी उसकी याद ताजी थी। बोला-'वह *भोज*[4] नहीं भूलता। तब से फिर उस तरह का खाना भरपेट नहीं मिला। लड़की वालों ने सबको भर पेट पूड़ियाँ खिलायी थीं, सबको। छोटे-बड़े सबने पूड़ियाँ खायीं और असली घी की। चटनी, रायता, तीन तरह के सूखे साग, एक रसेदार तरकारी, दही, चटनी, मिठाई, अब क्या बताऊँ कि उस भोज में क्या स्वाद मिला। कोई रोक-टोक नहीं थी। जो चीज चाहो, माँगो, जितना चाहो, खाओ। लोगों ने ऐसा खाया, ऐसा खाया कि किसी से पानी न पिया गया। मगर वह हैं कि दिये जाते हैं। और जब सबने मुँह धो लिया, तो पान-इलायची भी मिली। मगर मुझे पान लेने की कहाँ सुध

---

1. तसल्ली, सन्तोष। 2. नाजायज। 3. कण्ठ, भोजन निगलने की नली। 4. दावत।

थी? खड़ा हुआ न जाता था। चटपट जाकर अपने कम्बल पर लेट गया। ऐसा दिल-*दरियाव*[1] था वह ठाकुर।'

माधव ने इन पदार्थों का मन-ही-मन मजा लेते हुए कहा–'अब हमें कोई ऐसा भोज नहीं खिलाता।'

'अब कोई क्या खिलायेगा? वह जमाना दूसरा था। अब तो सबको *किफायत*[2] सूझती है। शादी-ब्याह में मत खर्च करो, क्रिया-कर्म में खर्च मत करो। पूछो, गरीबों का माल बटोर-बटोरकर कहाँ रखोगे? बटोरने में तो कमी नहीं है। हाँ, खर्च में किफायत सूझती है!'

'तुमने एक बीस पूरियाँ खायीं होंगी?'

'बीस से ज्यादा खायी थीं!'

'मैं पचास खा जाता!'

'पचास से कम मैंने न खायी होंगी। अच्छा *पट्ठा*[3] था। तू तो मेरा आधा भी नहीं है।'

आलू खाकर दोनों ने पानी पिया और वहीं अलाव के सामने अपनी धोतियाँ ओढ़कर पाँव पेट में डाले सो रहे। जैसे दो बड़े-बड़े अजगर *गेण्डुलिया*[4] मारे पड़े हों।

(दो)

सबेरे माधव ने कोठरी में जाकर देखा, तो उसकी स्त्री ठण्डी हो गयी थी। उसके मुँह पर मक्खियाँ भिनक रही थीं। पथराई हुई आँखें ऊपर टँगी हुई थीं। सारी देह धूल से लथपथ हो रही थी। उसके पेट में बच्चा मर गया था।

माधव भागा हुआ घीसू के पास आया। फिर दोनों जोर-जोर से हाय-हाय करने और छाती पीटने लगे। पड़ोस वालों ने यह रोना-धोना सुना, तो दौड़े हुए आये और पुरानी मर्यादा के अनुसार इन अभागों को समझाने लगे।

मगर ज्यादा रोने-पीटने का अवसर न था। *कफन*[5] की और लकड़ी की फिक्र करनी थी। घर में तो पैसा इस तरह गायब था, जैसे चील के घोंसले में माँस?

बाप-बेटे रोते हुए गाँव के जमींदार के पास गये। वह इन दोनों की सूरत से *नफरत*[6] करते थे। कई बार इन्हें अपने हाथों से पीट चुके थे। चोरी करने के लिए, वादे पर काम पर न आने के लिए। पूछा–'क्या है बे घिसुआ! रोता क्यों

---

1. मन का धनी। 2. बचत, कमखर्ची। 3. मजबूत, जवान। 4. कुण्डली, लिपटी हुई रस्सी की तरह बैठना।

है? अब तो तू कहीं दिखलायी भी नहीं देता! मालूम होता है, इस गाँव में रहना नहीं चाहता।'

घीसू ने जमीन पर सिर रखकर आँखों में आँसू भरे हुए कहा–'सरकार! बड़ी विपत्ति में हूँ। माधव की घरवाली रात को गुजर गयी। रात-भर तड़पती रही सरकार! हम दोनों उसके सिरहाने बैठे रहे। दवा-दारू जो कुछ हो सका, सब कुछ किया, *मुदा*[1] वह हमें दगा दे गयी। अब कोई एक रोटी देने वाला भी न रहा मालिक! तबाह हो गये। घर उजड़ गया। आपका गुलाम हूँ, अब आपके सिवा कौन उसकी मिट्टी पार लगायेगा। हमारे हाथ में तो जो कुछ था, वह सब तो दवा-दारू में उठ गया। सरकार ही की दया होगी, तो उसकी मिट्टी उठेगी। आपके सिवा किसके द्वार पर जाऊँ।'

ज़मीदार साहब दयालु थे। मगर घीसू पर दया करना काले कम्बल पर रंग चढ़ाना था। जी में तो आया, कह दें, चल दूर हो यहाँ से। यों तो बुलाने से भी नहीं आता, आज जब गरज पड़ी तो आकर *खुशामद*[2] कर रहा है। *हरामखोर*[3] कहीं का बदमाश! लेकिन यह क्रोध या दण्ड का अवसर नहीं था। जी में कुढ़ते हुए दो रुपये निकालकर फेंक दिये। मगर सान्त्वना का एक शब्द भी मुँह से न निकाला। उसकी तरफ ताका तक नहीं। जैसे सिर का बोझ उतारा हो।

जब ज़मीदार साहब ने दो रुपये दिये, तो गाँव के बनिये-महाजनों को इनकार का साहस कैसे होता? घीसू ज़मीदार के नाम का ढिंढोरा भी पीटना जानता था। किसी ने दो आने दिये, किसी ने चार आने। एक घण्टे में घीसू के पास पाँच रुपये की अच्छी रकम जमा हो गयी। कहीं से अनाज मिल गया, कहीं से लकड़ी और दोपहर को घीसू और माधव बाज़ार से कफन लाने चले। इधर लोग बाँस-वाँस काटने लगे।

गाँव की नर्मदिल स्त्रियाँ आ-आकर लाश देखती थीं और उसकी *बेकसी*[4] पर दो बूँद आँसू गिराकर चली जाती थीं।

(तीन)

बाजार में पहुँचकर घीसू बोला–'लकड़ी तो उसे जलाने-भर को मिल गयी है, क्यों माधव!'

माधव बोला–'हाँ, लकड़ी तो बहुत है, अब कफन चाहिए।'

'तो चलो, कोई हलका-सा कफन ले लें।'

'हाँ, और क्या! लाश उठते-उठते रात हो जायेगी। रात को कफन कौन देखता है।'

---

1. तात्पर्य, अर्थात्। 2. चापलूसी। 3. बिना मेहनत का खाने वाला। 4. बेबसी।

'कैसा बुरा रिवाज है कि जिसे जीते ही तन ढाँकने को *चीथड़ा*[1] भी न मिले, उसे मरने पर नया कफन चाहिए।'

'कफन लाश के साथ जल ही तो जाता है।'

'और क्या रखा रहता है? यही पाँच रुपये पहले मिलते, तो कुछ दवा-दारू कर लेते।'

दोनों एक-दूसरे के मन की बात ताड़ रहे थे। बाज़ार में इधर-उधर घूमते रहे। कभी इस *बजाज*[2] की दुकान पर गये, कभी उस दुकान पर। तरह-तरह के कपड़े, रेशमी और सूती देखे, मगर कुछ जँचा नहीं। यहाँ तक कि शाम हो गयी। तब दोनों न जाने किस दैवी प्रेरणा से एक *मधुशाला*[3] के सामने जा पहुँचे। और जैसे किसी पूर्व निश्चित व्यवस्था से अन्दर चले गये। वहाँ जरा देर तक दोनों असमंजस में खड़े रहे। फिर घीसू ने *गद्दी*[4] के सामने जाकर कहा—'साहूजी! एक बोतल हमें भी देना।'

उसके बाद कुछ *चिखौना*[5] आया, तली हुई मछली आयी और दोनों बरामदे में बैठकर शान्तिपूर्वक पीने लगे।

कई *कुल्जियाँ*[6] ताबड़तोड़ पीने के बाद दोनों *सरूर*[7] में आ गये।

घीसू बोला—'कफन लगाने से क्या मिलता? आखिर जल ही तो जाता है। कुछ बहू के साथ तो न जाता।'

माधव आसमान की तरफ देखकर बोला, मानो देवताओं को अपनी निष्पापता का *साक्षी*[8] बना रहा हो—'दुनिया का *दस्तूर*[9] है, नहीं तो लोग *बाभनों*[10] को हजारों रुपये क्यों दे देते हैं? कौन देखता है, परलोक में मिलता है या नहीं!'

'बड़े आदमियों के पास धन है, फूँकें। हमारे पास फूँकने का क्या है?'

'लेकिन लोगों को जवाब क्या दोगे? लोग पूछेंगे नहीं? कफन कहाँ है?'

घीसू हँसा—'अबे, कह देंगे कि रुपये कमर से खिसक गये। बहुत ढूँढा, मिले नहीं। लोगों को विश्वास न आयेगा, लेकिन फिर वही रुपये देंगे।'

माधव भी हँसा—इस *अनपेक्षित*[11] सौभाग्य पर। बोला—'बड़ी अच्छी थी बेचारी! मरी तो खूब खिला-पिलाकर!'

आधी बोतल से ज्यादा उड़ गयी। घीसू ने दो सेर पूड़ियाँ मँगायी। चटनी, अचार, कलेजियाँ। शराबखाने के सामने ही दुकान थी। माधव लपककर दो पत्तलों

---

1. कपड़े का छोटा-सा टुकड़ा। 2. कपड़ा बेचने वाला। 3. शराब खाना।
4. वह स्थान जहाँ शराब बेचने वाला बैठता है। 5. शराब पीने के पूर्व तीखा खाद्य पदार्थ।
6. कुल्हड़, प्याले। 7. नशा। 8. गवाह। 9. रिवाज। 10. ब्राह्मणों। 11. बिना आशा के।

में सारा सामान ले आया। पूरा डेढ़ रुपया खर्च हो गया। सिर्फ थोड़े से पैसे बच रहे।

दोनों इस वक्त इस शान में बैठे पूड़ियाँ खा रहे थे, जैसे जंगल में कोई शेर अपना शिकार उड़ा रहा हो। न जवाबदेही का खौफ था, न बदनामी की फिक्र। इन सब भावनाओं को उन्होंने बहुत पहले ही जीत लिया था।

घीसू *दार्शनिक*[1] भाव से बोला–'हमारी आत्मा प्रसन्न हो रही है, तो क्या उसे पुन्न न होगा?

माधव ने श्रद्धा से सिर झुकाकर *तसदीक*[2] की–'जरूर-से-जरूर होगा। भगवान् तुम अन्तर्यामी हो। उसे बैकुण्ठ ले जाना। हम दोनों हृदय से आशीर्वाद दे रहे हैं। आज जो भोजन मिला वह कभी उम्र-भर न मिला था।'

एक क्षण के बाद माधव के मन में एक शंका जागी। बोला–'क्यों दादा! हम लोग भी एक-न-एक दिन वहाँ जायेंगे ही?'

घीसू ने इस भोले-भाले सवाल का कुछ उत्तर न दिया। वह परलोक की बातें सोचकर इस आनन्द में बाधा न डालना चाहता था।

'जो वहाँ हम लोगों से पूछे कि तुमने हमें कफन क्यों नहीं दिया, तो क्या कहोगे?'

'कहेंगे तुम्हारा सिर!'

'पूछेगी तो जरूर!'

'तू कैसे जानता है कि उसे कफन न मिलेगा? तू मुझे ऐसा गधा समझता है? साठ साल क्या दुनिया में घास खोदता रहा हूँ? उसको कफन मिलेगा और बहुत अच्छा मिलेगा!'

माधव को विश्वास न आया। बोला–'कौन देगा? रुपये तो तुमने चट कर दिये। वह तो मुझसे पूछेगी। उसकी माँग में तो सेन्दूर मैंने डाला था।'

'कौन देगा, बताते क्यों नहीं?'

'वही लोग देंगे, जिन्होंने अबकी दिया। हाँ, अबकी रुपये हमारे हाथ न आयेंगे।'

ज्यों-ज्यों अन्धेरा बढ़ता था और सितारों की चमक तेज होती थी, मधुशाला की रौनक भी बढ़ती जाती थी। कोई गाता था, कोई डींग मारता था, कोई अपने संगी के गले लिपटा जाता था। कोई अपने दोस्त के मुँह में कुल्हड़ लगाये देता था।

---

1. संसार के विषय में चिन्तन करने वाला। 2. सही ठहराना।

वहाँ के वातावरण में सरूर था, हवा में नशा। कितने तो यहाँ आकर एक चुल्लू में मस्त हो जाते थे। शराब से ज्यादा यहाँ की हवा उन पर नशा करती थी। जीवन की बाधाएँ यहाँ खींच लाती थीं और कुछ देर के लिए यह भूल जाते थे कि वे जीते हैं या मरते हैं या न जीते हैं, न मरते हैं।

और यह दोनों बाप-बेटे अब भी मजे ले-लेकर *चुसकियाँ*[1] ले रहे थे। सबकी निगाहें इनकी ओर जमी हुई थीं। दोनों कितने भाग्य के बली हैं! पूरी बोतल बीच में है।

भरपेट खाकर माधव ने बची हुई पूड़ियों का पत्तल उठाकर एक भिखारी को दे दिया, जो खड़ा इनकी ओर भूखी आँखों से देख रहा था। और देने के गौरव, आनन्द और उल्लास का अपने जीवन में पहली बार अनुभव किया।

घीसू ने कहा–'ले जा, खूब खा और आशीर्वाद दे! जिसकी कमायी है, वह तो मर गयी। मगर तेरा आशीर्वाद उसे जरूर पहुँचेगा। रोंये से आशीर्वाद दो, बड़ी गाढ़ी कमायी के पैसे हैं।'

माधव ने फिर आसमान की तरफ देखकर कहा–'वह बैकुण्ठ में जायेगी दादा! बैकुण्ठ की रानी बनेगी।'

घीसू खड़ा हो गया और जैसे *उल्लास*[2] की लहरों में तैरता हुआ बोला–'हाँ, बेटा बैकुण्ठ में जायेगी। किसी को सताया नहीं, किसी को दबाया नहीं। मरते-मरते हमारी जिन्दगी की सबसे बड़ी *लालसा*[3] पूरी कर गयी। वह न बैकुण्ठ में जायेगी, तो क्या ये मोटे-मोटे लोग जायेंगे, जो गरीबों को दोनों हाथों से लूटते हैं और अपने पाप को धोने के लिए गंगा में नहाते हैं और मन्दिरों में जल चढ़ाते हैं?'

श्रद्धालुता का यह रंग तुरन्त ही बदल गया। अस्थिरता नशे की खासियत है। दु:ख और निराशा का दौरा हुआ।

माधव बोला–'मगर दादा! बेचारी ने जिन्दगी में बड़ा दु:ख भोगा। कितना दु:ख झेलकर मरी!'

वह आँखों पर हाथ रखकर रोने लगा, चीखें मार-मारकर।

घीसू ने समझाया–'क्यों रोता है बेटा! खुश हो कि वह माया-जाल से मुक्त हो गयी, जंजाल से छूट गयी। बड़ी भाग्यवान थी, जो इतनी जल्द माया-मोह के बन्धन तोड़ दिये।'

और दोनों खड़े होकर गाने लगे–

---

1. घूँट। 2. खुशी। 3. इच्छा।

'ठगिनी क्यों नैना झमकावे! ठगिनी।'

पियक्कड़ों की आँखें इनकी ओर लगी हुई थीं और यह दोनों अपने दिल में मस्त गाये जाते थे। फिर दोनों नाचने लगे। उछले भी, कूदे भी। गिरे भी, मटके भी। भाव भी बताये, अभिनय भी किये और आखिर नशे से मदमस्त होकर वहीं गिर पड़े।

शिक्षा

गृहस्थी के संसार के रीति-रिवाजों की उपेक्षा करने वाला दया का पात्र नहीं है।

सन्देश

➤ गरीबो में पिसता हुआ व्यक्ति प्राय: बेईमान और आलसी हो जाता है, क्योंकि वह जानता है कि उसकी गरीबी कभी नहीं खत्म होगी।

➤ गरीबी में जीने वाला समाज के आचार-व्यवहार, निन्दा, धिक्कार आदि की चिन्ता नहीं करता और न उसे गम्भीरता से लेता है।

➤ गरीबों की मानसिकता, उनकी सोच और उनके आर्थिक स्तर को सुधारने की आवश्यकता है।

ईदगाह

प्रेमचन्द जब सोलह वर्ष के थे, तो उन्हें एक बार लगातार तीन दिनों तक भूखे रहना पड़ा। कोई उपाय न देखकर अन्त में वह एक दूकान पर अपनी पुरानी पाठ्य-पुस्तकें बेचने गये। गरीबी और अभाव की यह मनःस्थिति उनकी रचनाओं में बार-बार प्रभावकारी रूप में झलकती है।

(एक)

र*मज़ान*[1] के पूरे तीस *रोज़ों*[2] के बाद आज *ईद*[3] आयी है। कितना मनोहर, कितना सुहावना प्रभात है। वृक्षों पर कुछ अजीब हरियाली है, खेतों में कुछ अजीब रौनक है, आसमान पर कुछ अजीब लालिमा है। आज का सूर्य देखो, कितना प्यारा, कितना शीतल है, मानो संसार को ईद की बधाई दे रहा है। गाँव में कितनी हलचल है। *ईदगाह*[4] जाने की तैयारियाँ हो रही हैं। किसी के कुरते में बटन नहीं है, वह पड़ोस के घर सुई-धागा लेने दौड़ा जा रहा है। किसी के जूते कड़े हो गये हैं। उनमें तेल डालने के लिए तेली के घर भागा जाता है। जल्दी-जल्दी बैलों को सानी-पानी दे दें। ईदगाह से लौटते-लौटते दोपहरी हो जायेगी। तीन कोस का पैदल रास्ता, फिर सैकड़ों आदमियों से मिलना-भेंटना। दोपहर के पहले लौटना असम्भव है। लड़के सबसे ज्यादा प्रसन्न हैं। किसी ने एक रोज़ा रखा है, वह भी दोपहर तक, किसी ने वह भी नही, लेकिन ईदगाह जाने की खुशी उनके हिस्से की चीज है। रोजे बड़े-बूढ़ों के लिए होंगे। इनके लिए तो ईद है। रोज ईद का नाम रटते थे। आज वह आ गयी। अब जल्दी पड़ी है कि लोग ईदगाह क्यों नहीं चलते। इन्हें गृहस्थी की चिन्ताओं से क्या प्रयोजन! सिवइयों के लिए दूध और शक्कर घर में है या नहीं, इनकी बला से। ये तो सिवइयाँ खायेंगे। वह क्या जानें कि अब्बाजान क्यों बदहवास चौधरी कायमअली के घर दौड़े जा रहे हैं। उन्हें क्या खबर कि चौधरी आज आँखें बदल लें, तो यह सारी ईद *मुहर्रम*[5] हो जाये। उनकी अपनी जेबों में तो कुबेर का धन भरा हुआ है। बार-बार जेब से अपना खजाना निकालकर गिनते हैं और खुश होकर फिर रख लेते हैं। महमूद गिनता है, एक-दो, दस-बारह। उसके पास बारह पैसे हैं। मोहसिन के

---

1. हिजरी (मुस्लिम) वर्ष का एक महीना। 2. व्रत, उपवास। 3. मुसलमानों का आनन्द पूर्ण त्यौहार। 4. वह स्थान जहाँ सभी मुसलमान एकत्र होकर नमाज (ईश्वर की पूजा) करते है। 5. मातम का पर्व।

पास एक, दो, तीन, आठ, नौ, पन्द्रह पैसे हैं। इन्हीं अनगिनती पैसों में अनगिनती चीजें लायेंगे–खिलौने, मिठाइयाँ, बिगुल, गेंद और न जाने क्या-क्या। और, सबसे ज्यादा प्रसन्न है हामिद। वह चार-पाँच साल का गरीब-सूरत, दुबला-पतला लड़का, जिसका बाप गत-वर्ष हैजे की भेंट हो गया और माँ न जाने क्यों पीली होती-होती एक दिन मर गयी। किसी को पता न चला, क्या बीमारी है। कहती भी तो कौन सुनने वाला था। दिल पर जो बीतती थी, वह दिल में ही सहती थी और जब न सहा गया तो संसार से विदा हो गयी। अब हामिद अपनी बूढ़ी दादी अमीना की गोद में सोता है और उतना ही प्रसन्न है। उसके अब्बाजान रुपये कमाने गये हैं। बहुत-सी थैलियाँ लेकर आयेंगे। अम्मीजान अल्लाह मियाँ के घर से उसके लिए बड़ी अच्छी-अच्छी चीजें लाने गयी हैं, इसलिए हामिद प्रसन्न है। आशा तो बड़ी चीज है, और फिर बच्चों की आशा! उनकी कल्पना तो राई का पर्वत बना लेती है। हामिद के पाँव में जूते नहीं हैं, सिर पर एक पुरानी-धुरानी टोपी है, जिसका गोट काला पड़ गया है, फिर भी वह प्रसन्न है। जब उसके अब्बाजान थैलियाँ और अम्मीजान *नियामतें*[1] लेकर आयेंगी, तो वह दिल के *अरमान*[2] निकाल लेगा। तब देखेगा महमूद, मोहसिन, नेरे और सम्मी कहाँ से उतने पैसे निकालेंगे। अभागिन अमीना अपनी कोठरी में बैठी रो रही है। आज ईद का दिन और उसके घर में दाना नहीं! आज आबिद होता तो क्या इसी तरह ईद आती और चली जाती? इस अन्धकार और निराशा में वह डूबी जा रही थी। किसने बुलाया था इस निगोड़ी ईद को। इस घर में उसका काम नहीं है, लेकिन हामिद! उसे किसी के मरने-जीने से क्या मतलब? उसके अन्दर प्रकाश है, बाहर आशा। विपत्ति अपना सारा दल-बल लेकर आये, हामिद की आनन्द-भरी चितवन उसका विध्वंस कर देगी।

हामिद भीतर जाकर दादी से कहता है–'तुम डरना नहीं अम्माँ! मैं सबसे पहले आऊँगा। बिलकुल न डरना!'

अमीना का दिल कचोट रहा है। गाँव के बच्चे अपने-अपने बाप के साथ जा रहे हैं। हामिद का बाप अमीना के सिवा और कौन है? उसे कैसे अकेले मेले में जाने दे। उस भीड़-भाड़ में बच्चा कहीं खो जाये तो क्या हो। नहीं, अमीना उसे यों न जाने देगी। नन्ही-सी जान! तीन कोस चलेगा कैसे! पैर में छाले पड़ जायेंगे। जूते भी तो नहीं हैं। वह थोड़ी-थोड़ी दूर पर उसे गोद ले लेगी लेकिन यहाँ सिवइयाँ कौन पकायेगा? पैसे होते तो लौटते-लौटते सब सामग्री जमा करके चटपट बना लेती। यहाँ तो घण्टों चीजें जमा करते लगेंगे। माँगने ही का तो भरोसा ठहरा। उस दिन फहीमन के कपड़े सिये थे। आठ आने पैसे मिले थे। उस

---

1. धन-दौलत। 2. इच्छा।

अठन्नी को ईमान की तरह बचाती चली आती थी, इसी ईद के लिए। लेकिन कल ग्वालन सिर पर सवार हो गयी, तो क्या करती। हामिद के लिए कुछ नहीं है, तो दो पैसे का दूध तो चाहिए ही। अब तो कुल दो आने पैसे बच रहे हैं। तीन पैसे हामिद की जेब में, पाँच अमीना के बटवे में। यही तो *बिसात*[1] है और ईद का त्योहार! अल्लाह ही बेड़ा पार लगावे। धोबन और नाइन और मेहतरानी और चूड़िहारिन सभी तो आयेंगी। सभी को सिवाइयाँ चाहिए और थोड़ा किसी की आँखों नहीं लगता। किस-किससे मुँह चुरायेगी। और मुँह क्यों चुराये? साल भर का त्योहार है। ज़िन्दगी खैरियत से रहे, उनकी तकदीर भी तो उसी के साथ है। बच्चे को खुदा *सलामत*[2] रक्खे, ये दिन भी कट जायेंगे।

गाँव से मेला चला और बच्चों के साथ हामिद भी जा रहा था। कभी सबके सब दौड़कर आगे निकल जाते। फिर किसी पेड़ के नीचे खड़े होकर साथ वालों का इन्तज़ार करते। ये लोग क्यों इतना धीरे-धीरे चल रहे हैं। हामिद के पैरों में तो जैसे *पर*[3] लग गये हैं। वह कभी थक सकता है! शहर का *दामन*[4] आ गया। सड़क के दोनों ओर अमीरों के बगीचे हैं। पक्की चारदीवारी बनी हुई है। पेड़ों में आम और लीचियाँ लगी हुई हैं। कभी-कभी कोई लड़का कंकड़ी उठाकर आम पर निशाना लगाता है। माली अन्दर से गाली देता हुआ निकलता है। लड़के वहाँ से एक फर्लांग पर हैं। खूब हँस रहे हैं। माली को कैसे उल्लू बनाया है।

बड़ी-बड़ी इमारतें आने लगीं। यह अदालत है, यह कॉलेज है, यह क्लब-घर है। इतने बड़े कॉलेज में कितने लड़के पढ़ते होंगे? सब लड़के नहीं हैं जी! बड़े-बड़े आदमी हैं। सच, उनकी बड़ी-बड़ी मूँछे हैं। इतने बड़े हो गये, अभी तक पढ़ने जाते हैं। न जाने कब तक पढ़ेंगे और क्या करेंगे इतना पढ़कर। हामिद के मदरसे में दो-तीन बड़े-बड़े लड़के हैं, बिलकुल तीन कौड़ी के। रोज़ मार खाते हैं, काम से जी चुराने वाले। इस जगह भी उसी तरह के लोग होंगे और क्या? बड़े तमाशे होते हैं। पर किसी को अन्दर नहीं जाने देते। और यहाँ शाम को साहब लोग खेलते हैं। बड़े-बड़े आदमी खेलते हैं, मूँछों, दाढ़ी वाले और मेमें खेलती हैं, सच! हमारी अम्माँ को वह दे दो, क्या नाम है, बैट, तो उसे पकड़ ही न सकें। घुमाते ही लुढ़क न जायें।

महमूद ने कहा–'हमारी अम्मीजान का तो हाथ काँपने लगे, अल्ला कसम।'

मोहसिन बोला–'अम्मी मनों आटा पीस डालती हैं। जरा-सा बैट पकड़े लेंगी, तो हाथ काँपने लगे। सैकड़ों घड़े पानी रोज निकालती हैं। पाँच घड़े तो मेरी भैंस पी जाती है। किसी मेम को एक घड़ा पानी भरना पड़े, तो आँखों तले अन्धेरा आ जाये।'

---

1. सामर्थ्य, औकात। 2. बचाना, रक्षा करना। 3. पंख। 4. क्षेत्र, भूमि।

महमूद–'लेकिन दौड़ती तो नहीं, उछल-कूद तो नहीं सकतीं।'

मोहसिन–'हाँ उछल-कूद नहीं सकतीं, लेकिन उस दिन मेरी गाय खुल गयी थी और चौधरी के खेत में जा पड़ी थी, तो अम्माँ इतनी तेज दौड़ीं कि मैं उन्हें न पा सका, सच!'

आगे चले। हलवाइयों की दुकानें शुरू हुईं। आज खूब सजी हुई थीं। इतनी मिठाइयाँ कौन खाता है? देखो न, एक-एक दुकान पर मनों होंगी। सुना है, रात को *जिन्नात*[1] आकर खरीद ले जाते हैं। अब्बा कहते थे कि आधी रात को एक आदमी हर दुकान पर जाता है और जितना माल बचा होता है, वह तुलवा लेता है और सचमुच के रुपये देता है, बिलकुल ऐसे ही रुपये।

हामिद को यकीन न आया–'ऐसे रुपये जिन्नात को कहाँ से मिल जायेंगे?'

मोहसिन ने कहा–'जिन्नात को रुपये की क्या कमी? जिस खजाने में चाहें, चले जायें। लोहे के दरवाजे तक उन्हें नहीं रोक सकते। जनाब! आप हैं किस फेर में। हीरे-जवाहरात तक उनके पास रहते हैं, जिससे खुश हो गये, उसे टोकरों जवाहरात दे दिये। अभी यहीं बैठे हैं, पाँच मिनट में कहो कलकत्ता पहुँच जायें।'

हामिद ने फिर पूछा–'जिन्नात बहुत बड़े-बड़े होते होंगे?'

मोहसिन–'एक-एक आसमान के बराबर होता है जी! जमीन पर खड़ा हो जाये, तो उसका सिर आसमान से जा लगे, मगर चाहें तो एक लोटे में घुस जायें।'

हामिद–'लोग उन्हें कैसे खुश करते होंगे? कोई मुझे वह मन्तर बता दे, तो एक जिन्न को खुश कर लूँ।'

मोहसिन–'अब यह तो मैं नहीं जानता, लेकिन चौधरी साहब के काबू में बहुत से जिन्नात हैं। कोई चीज चोरी हो जाये, चौधरी साहब उसका पता लगा देंगे और चोर का नाम भी बता देंगे। जुमराती का *बछवा*[2] उस दिन खो गया था। तीस दिन हैरान हुए, कहीं न मिला। तब *झख*[3] मारकर चौधरी के पास गये। चौधरी ने तुरन्त बता दिया कि मवेशीखाने में है और, वहीं मिला। जिन्नात आकर उन्हें सारे जहान की खबरें दे जाते हैं।'

अब उसकी समझ में आ गया कि चौधरी के पास क्यों इतना धन है, और क्यों उनका इतना सम्मान है।

आगे चले! यह पुलिस लाइन है। यहीं सब *कानिसटिबल*[4] *कवायद*[5] करते हैं। रैटन! फाय फो! रात को बेचारे घूम-घूमकर पहरा देते हैं, नहीं तो चोरियाँ हो जायें। मोहसिन ने प्रतिवाद किया–'यह कानिसटिबल पहरा देते हैं? तभी तुम बहुत जानते

---

1. प्रेत। 2. बछड़ा। 3. हार कर, अन्ततः। 4. पुलिस का सिपाही। 5. अभ्यास, व्यायाम, परेड।

हो। अजी हजरत! यही चोरी कराते हैं। बाहर के जितने चोर-डाकू हैं, सब इनसे मिले रहते हैं। रात को ये लोग चोरों से तो कहते हैं, चोरी करो और आप दूसरे मुहल्ले में जाकर 'जागते रहो! जागते रहो!!' पुकारते हैं। जभी इन लोगों के पास इतने रुपये आते हैं। मेरे मामू एक थाने में कानिसटिबल हैं। बीस रुपया महीना पाते हैं, लेकिन पचास रुपये घर भेजते हैं। अल्ला कसम! मैंने एक बार पूछा था कि मामू! आप इतने रुपये कहाँ से पाते हैं? हँसकर कहने लगे–'बेटा, अल्लाह देता है।' फिर आप ही बोले–'हम लोग चाहें, तो एक दिन में लाखों मार लायें। हम तो इतना ही लेते हैं, जिसमें अपनी बदनामी न हो और नौकरी न चली जाये।'

हामिद ने पूछा–'यह लोग चोरी करवाते हैं, तो कोई इन्हें पकड़ता नहीं?'

मोहसिन उसकी *नादानी*[1] पर दया दिखाकर बोला–'अरे पागल! इन्हें कौन पकड़ेगा? पकड़ने वाला तो यह खुद हैं, लेकिन अल्लाह इन्हें सजा भी खूब देता हैं। हराम का माल हराम में जाता है। थोड़े ही दिन हुए, मामू के घर में आग लग गयी। सारी लेई-पूँजी जल गयी। एक बरतन तक न बचा। कई दिन पेड़ के नीचे सोये, अल्ला कसम! पेड़ के नीचे। फिर न जाने कहाँ से एक सौ रुपये कर्ज लाये, तो बरतन-भाँड़े आये।'

हामिद–'एक सौ तो पचास से ज्यादा होते हैं?'

'कहाँ पचास, कहाँ एक सौ। पचास एक थैली-भर होता है। सौ तो दो थैलियों में भी न आवे।'

अब बस्ती घनी होने लगी थी। ईदगाह जाने वालों की टोलियाँ नजर आने लगीं। एक-से एक भड़कीले वस्त्र पहने हुए। कोई इक्के-ताँगे पर सवार, कोई मोटर पर, सभी इत्र में बसे, सभी के दिलों में उमंग। ग्रामीणों का यह छोटा-सा दल अपनी विपन्नता से बेखबर, सन्तोष और धैर्य में मगन चला जा रहा था। बच्चों के लिए नगर की सभी चीजें अनोखी थीं। जिस चीज की ओर ताकते, ताकते ही रह जाते और पीछे से बार-बार *हॉर्न*[2] ही आवाज होने पर भी न चेतते। हामिद तो मोटर के नीचे जाते-जाते बचा।

सहसा ईदगाद नजर आया। ऊपर इमली के घने वृक्षों की छाया। नीचे पक्का फर्श है, जिस पर *जाजिम*[3] बिछा हुआ है और *रोजेदारों*[4] की पंक्तियाँ एक के पीछे एक, न जाने कहाँ तक चली गयी हैं, पक्के जगत के नीचे तक, जहाँ जाजिम भी नहीं है। नये आने वाले आकर पीछे की कतार में खड़े हो जाते हैं। आगे जगह नहीं है। यहाँ कोई धन और पद नहीं देखता। इस्लाम की निगाह में सब बराबर हैं। इन ग्रामीणों ने भी *वजू*[5] किया और पिछली पंक्ति में खड़े हो गये।

---

1. मूर्खता। 2. मोटर की आवाज। 3. बड़ी चादर। 4. व्रत रखने वाले। 5. हाथ-मुँह धोना।

कितना सुन्दर संचालन है, कितनी सुन्दर व्यवस्था! लाखों सिर एक साथ *सिजदे*[1] में झुक जाते हैं, फिर सब-के-सब एक साथ खड़े हो जाते हैं, एक साथ झुकते हैं और एक साथ घुटनों के बल बैठ जाते हैं। कई बार यही क्रिया होती है, जैसे बिजली की लाखों बत्तियाँ एक साथ *प्रदीप्त*[2] हों और एक साथ बुझ जायें और यही क्रम चलता रहे। कितना अपूर्व दृश्य था, जिसकी सामूहिक क्रियाएँ, विस्तार और *अनन्तता*[3] हृदय को श्रद्धा, गर्व और *आत्मानन्द*[4] से भर देती थीं, मानो भ्रातृत्व का एक सूत्र इन समस्त आत्माओं को एक लड़ी में पिरोये हुए है।

(दो)

नमाज[5] खत्म हो गयी है। लोग आपस में गले मिल रहे हैं। तब मिठाई और खिलौने की दुकानों पर धावा होता है। ग्रामीणों का यह दल इस विषय में बालकों से कम उत्साही नहीं है। यह देखो, हिंडोला है। एक पैसा देकर चढ़ जाओ। कभी आसमान पर जाते हुए मालूम होंगे, कभी जमीन पर गिरते हुए। यह चर्खी है, लकड़ी के हाथी, घोड़े, ऊँट छड़ों से लटके हुए हैं। एक पैसा देकर बैठ जाओ और पच्चीस चक्करों का मजा लो। महमूद और मोहसिन और नूरे और सम्मी इन घोड़ों और ऊँटों पर बैठते हैं। हामिद दूर खड़ा है। तीन ही पैसे तो उसके पास हैं। अपने *कोष*[6] का तिहाई जरा-सा चक्कर खाने के लिए नहीं दे सकता।

सब चर्खियों से उतरते हैं। अब खिलौने लेंगे। इधर दुकानों की कतार लगी हुई है। तरह-तरह के खिलौने हैं—सिपाही और गुजरिया, राजा और वकील, *भिश्ती*[7] और धोबिन और साधु। वाह! कितने सुन्दर खिलौने हैं। अब बोला ही चाहते हैं। महमूद सिपाही लेता है, खाकी वर्दी और लाल पगड़ी वाला, कन्धे पर बन्दूक रखे हुए। मालूम होता है, अभी *कवायद*[8] किये चला आ रहा है। मोहसिन को भिश्ती पसन्द आया। कमर झुकी है, ऊपर *मशक*[9] का मुँह एक हाथ से पकड़े हुए है। कितना प्रसन्न है। शायद कोई गीत गा रहा है। बस, मशक से पानी उड़ेला ही चाहता है। नूरे को वकील से प्रेम है। कैसी विद्वत्ता है उसके मुख पर। काला चोगा, नीचे सफेद अचकन, अचकन के सामने की जेब में घड़ी, सुनहरी जंजीर, एक हाथ में कानून का पोथा लिये हुए। मालूम होता है, अभी किसी अदालत से जिरह या बहस किये चले आ रहे हैं। यह सब दो-दो पैसे के खिलौने हैं। हामिद के पास कुल तीन पैसे हैं, इतने महँगे खिलौने वह कैसे ले? खिलौना कहीं हाथ से छूट पडे, तो चूर-चूर हो जाये। जरा पानी पड़े, तो सारा रंग धुल जाये। ऐसे खिलौने लेकर वह क्या करेगा, किस काम के!

मोहसिन—'मेरा भिश्ती रोज पानी दे जायेगा, साँझ-सवेरे।'

---

1. प्रणाम, नमस्कार। 2. जलना, प्रज्वलित। 3. जिसका अन्त न हो। 4. आन्तरिक या भीतरी प्रसन्नता। 5. खुदा (ईश्वर) के लिए पढ़ी जाने वाली प्रार्थना 6. खजाना, भण्डार। 7. चपरासी। 8. परेड। 9. चमड़े का बना पानी रखन का थैला।

महमूद–'और मेरा सिपाही घर का पहरा देगा। कोई चोर आवेगा, तो फौरन बन्दूक से फैर[1] कर देगा।'

नूरे–'और मेरा वकील खूब मुकदमा लड़ेगा।'

सम्मी–'और मेरी धोबिन रोज कपड़े धोयेगी।'

हामिद खिलौने की निन्दा करता है–'मिट्टी ही के तो हैं। गिरे तो चकनाचूर हो जायें, लेकिन ललचायी हुई आँखों से खिलौनों को देख रहा है और चाहता है कि जरा देर के लिए उन्हें हाथ में ले सकता। उसके हाथ अनायास ही लपकते हैं, लेकिन लड़के इतने त्यागी नहीं होते, विशेषकर जब अभी नया शौक है। हामिद ललचाता रह जाता है।

खिलौनों के बाद मिठाइयाँ आती हैं। किसी ने रेवड़ियाँ ली हैं, किसी ने गुलाबजामुन, किसी ने सोहनहलुआ। मजे से खा रहे हैं। हामिद बिरादरी से पृथक् है। अभागे के पास तीन पैसे हैं। क्यों नहीं कुछ लेकर खाता? ललचायी आँखों से सबकी ओर देखता है।

मोहसिन कहता है–'हामिद! रेवड़ी ले जा, कितनी खुशबूदार है।'

हामिद को सन्देह हुआ, यह केवल क्रूर विनोद है, मोहसिन इतना उदार नहीं है, लेकिन यह जानकर भी वह उसके पास जाता है। मोहसिन दोने से एक रेवड़ी निकालकर हामिद की ओर बढ़ाता है। हामिद हाथ फैलाता है। मोहसिन रेवड़ी अपने मुँह में रख लेता है। महमूद, नूरे और सम्मी खूब तालियाँ बजा-बजाकर हँसते हैं। हामिद *खिसिया*[2] जाता है।

मोहसिन–'अच्छा, अबकी जरूर देंगे हामिद! अल्ला कसम, ले जाओ।'

हामिद–'रखे रहो। क्या मेरे पास पैसे नहीं हैं?'

सम्मी–'तीन ही पैसे तो हैं। तीन पैसे में क्या-क्या लोगे?'

महमूद–'मुझसे गुलाबजामुन ले जाव हामिद! मोहसिन बदमाश है।'

हामिद–'मिठाई कौन बड़ी *नेमत*[3] है। किताब में इसकी कितनी बुराइयाँ लिखी हैं।'

मोहसिन–'लेकिन दिल में कह रहे होंगे कि मिले तो खा लें। अपने पैसे क्यों नहीं निकालते?'

महमूद–'हम समझते हैं इसकी चालाकी। जब हमारे सारे पैसे खर्च हो जायेंगे, तो हमें ललचा-ललचाकर खायेगा।'

---

1. फायर। 2. गुस्सा होना। 3. भाग्य।

मिठाइयों के बाद कुछ दुकानें लोहे की चीजों की हैं। कुछ गिलट और कुछ नकली गहनों की। लड़कों के लिए यहाँ कोई आकर्षण न था। वह सब आगे बढ़ जाते हैं। हामिद लोहे की दुकान पर रुक जाता है। कई *चिमटे*[1] रखे हुए थे। उसे खयाल आया, दादी के पास चिमटा नहीं है। तवे से रोटियाँ उतारती हैं, तो हाथ जल जाता है। अगर वह चिमटा ले जाकर दादी को दे दे, तो वह कितनी प्रसन्न होंगी। फिर उनकी उँगलियाँ कभी न जलेंगी। घर में एक काम की चीज हो जायेगी। खिलौने से क्या फायदा। व्यर्थ में पैसे खराब होते हैं। जरा देर ही तो खुशी होती है। फिर तो खिलौनों को कोई आँख उठाकर नहीं देखता। या तो घर पहुँचते-पहुँचते टूट-फूट बराबर हो जायेंगे या छोटे बच्चे जो मेले में नहीं आये हैं, जिद करके ले लेंगे और तोड़ डालेंगे। चिमटा कितने काम की चीज है। रोटियाँ तवे से उतार लो, चूल्हे में सेंक लो। कोई आग माँगने आवे, तो चटपट चूल्हे से आग निकालकर उसे दे दो। अम्माँ बेचारी को कहाँ फुर्सत है कि बाजार आयें, और इतने पैसे ही कहाँ मिलते हैं। रोज हाथ जला लेती हैं। हामिद के साथी आगे बढ़ गये हैं। *सबील*[2] पर सब-के-सब शर्बत पी रहे हैं। देखो, सब कितने लालची हैं। इतनी मिठाइयाँ लीं, मुझे किसी ने एक भी न दी। उस पर कहते हैं, मेरे साथ खेलो। मेरा यह काम करो। अब अगर किसी ने कोई काम करने को कहा, तो पूछूँगा। खायें मिठाइयाँ, आप मुँह सड़ेगा, फोड़े-फुंसियाँ निकलेंगी, आप की जबान चटोरी हो जायेगी, तब घर के पैसे चुरायेंगे और मार खायेंगे। किताब में झूठी बातें थोड़े ही लिखी हैं। मेरी जबान क्यों खराब होगी। अम्माँ चिमटा देखते ही दौड़कर मेरे हाथ से ले लेंगी और कहेंगी-'मेरा बच्चा अम्माँ के लिए चिमटा लाया है।' हजारों दुआएँ देंगी। फिर पड़ोस की औरतों को दिखायेंगी। सारे गाँव में चर्चा होने लगेगी, हामिद चिमटा लाया है। कितना अच्छा लड़का है। इन लोगों के खिलौनों पर कौन दुआएँ देगा। बड़ों की दुआएँ सीधे अल्लाह के दरबार में पहुँचती हैं और तुरन्त सुनी जाती हैं। मेरे पास पैसे नहीं हैं। तभी तो मोहसिन और महमूद यों *मिजाज*[3] दिखाते हैं। मैं भी इनसे मिजाज दिखाऊँगा। खेलें खिलौने और खायें मिठाइयाँ। मैं नहीं खेलता खिलौने, किसी का मिजाज क्यों सहूँ। मैं गरीब सही, किसी से कुछ माँगने तो नहीं जाता। आखिर अब्बाजान कभी-न-कभी आयेंगे। अम्माँ भी आयेंगी हीं। फिर इन लोगों से पूछूँगा, कितने खिलौने लोगे? एक-एक को टोकरियों खिलौने दूँ और दिखा दूँ कि दोस्तों के साथ इस तरह सलूक किया जाता है। यह नहीं कि एक पैसे की रेवड़ियाँ लीं, तो चिढ़ा-चिढ़ाकर खाने लगे। सब-के-सब खूब हँसेंगे कि हामिद ने चिमटा लिया है। हँसें! मेरी बला से। उसने दुकानदार से पूछा-'यह चिमटा कितने का है?'

---

1. रोटी पकड़ने वाला औजार। 2. शरबत की दुकान। 3. रौब-दाब, हालत।

दुकानदार ने उसकी ओर देखा और कोई आदमी साथ न देखकर कहा–'यह तुम्हारे काम का नहीं है जी?'

'बिकाऊ है?'

'बिकाऊ क्यों नहीं है। और, यहाँ क्यों *लाद*[1] लाये हैं?'

'तो बताते क्यों नहीं, कै पैसे का है?'

'छै पैसे लगेंगे।'

हामिद का दिल बैठ गया।

'ठीक-ठीक बताओ!'

'ठीक-ठीक पाँच पैसे लगेंगे, लेना हो लो, नहीं चलते बनो।'

हामिद ने कलेजा मजबूत करके कहा-'तीन पैसे लोगे।'

यह कहता हुआ वह आगे बढ़ गया कि दुकानदार की *घुड़कियाँ*[2] न सुने। लेकिन दुकानदार ने घुड़कियाँ नहीं दीं। बुलाकर चिमटा दे दिया। हामिद ने उसे इस तरह कन्धे पर रक्खा, मानो बन्दूक है और शान से *अकड़ता*[3] हुआ *संगियों*[4] के पास आया। जरा सुनें, सब-के-सब क्या-क्या आलोचनाएँ करते हैं।

मोहसिन ने हँसकर–'यह चिमटा क्यों लाया पगले! इसे क्या करेगा!' हामिद ने चिमटे को जमीन पटककर कहा–'जरा अपना भिश्ती जमीन पर गिरा दो। सारी पसलियाँ चूर-चूर हो जायें बच्चे की।'

महमूद बोला–'तो यह चिमटा कोई खिलौना है?'

हामिद–'खिलौना क्यों नहीं? अभी कन्धे पर रखा, बन्दूक हो गयी। हाथ में लिया, फकीरों का चिमटा हो गया। चाहूँ तो इससे मजीरे का काम ले सकता हूँ। एक चिमटा जमा दूँ, तो तुम लोगों के सारे खिलौनों की जान निकल जाये। तुम्हारे खिलौने कितना ही जोर लगावें, वे मेरे चिमटे का बाल भी बाँका नहीं कर सकते। मेरा बहादुर शेर है–चिमटा।'

सम्मी ने खँजरी ली थी। प्रभावित होकर बोला–'मेरी खँजरी से बदलोगे? दो आने की है।'

हामिद ने खँजरी की ओर उपेक्षा से देखा–'मेरा चिमटा चाहे तो तुम्हारी खँजरी का पेट फाड़ डाले। बस, एक चमड़े की झिल्ली लगा दी, ढब-ढब बोलने लगी। जरा-सा पानी लग जाये, तो खत्म हो जाये। मेरा बहादुर चिमटा आग में, पानी में, तूफान में बराबर डटा रहेगा।'

---

1. उठाकर लाना, ढोना। 2. डाँट। 3. तनकर। 4. मित्रों।

चिमटे ने सभी को मोहित कर लिया, लेकिन अब पैसे किसके पास धरे हैं! फिर मेले से दूर निकल आये हैं, नौ कब के बज गये, धूप तेज हो रही है। घर पहुँचने की जल्दी हो रही थी। बाप से जिद भी करें, तो चिमटा नहीं मिल सकता है। हामिद है बड़ा चालाक। इसीलिए बदमाश ने अपने पैसे बचा रखे थे।

अब बालकों के दो दल हो गये हैं। मोहसिन, महमूद, सम्मी और नूरे एक तरफ हैं, हामिद अकेला दूसरी तरफ। *शास्त्रार्थ*[1] हो रहा है। सम्मी तो विधर्मी हो गया। दूसरे पक्ष से जा मिला, लेकिन मोहसिन, महमूद और नूरे भी, हामिद से एक-एक, दो-दो साल बड़े होने पर भी हामिद के आघातों से *आतंकित*[2] हो उठे हैं। उसके पास न्याय का बल है और नीति की शक्ति। एक ओर मिट्टी है, दूसरी ओर लोहा, जो इस वक्त अपने को फौलाद कह रहा है। वह अजेय है, घातक है। अगर कोई शेर आ जाये, तो मियाँ भिश्ती के छक्के छूट जायें। मियाँ सिपाही मिट्टी की बन्दूक छोड़कर भागें। वकील साहब की नानी मर जाये। चोगे में मुँह छिपाकर जमीन पर लेट जायें। मगर यह चिमटा, यह बहादुर, यह रुस्तमे-*हिन्द*[3] लपककर शेर की गरदन पर सवार हो जायेगा और उसकी आँखें निकाल लेगा।

मोहसिन ने एड़ी-चोटी का जोर लगाकर कहा–'अच्छा, पानी तो नहीं भर सकता।'

हामिद ने चिमटे को सीधा खड़ा करके कहा–'भिश्ती को एक डाँट बतायेगा, तो दौड़ा हुआ पानी लाकर उसके द्वार पर छिड़कने लगेगा।'

मोहसिन परास्त हो गया, पर महमूद ने कुमक पहुँचाई–'अगर बच्चा पकड़ जायें, तो अदालत में बँधे-बँधे फिरेंगे। तब वकील साहब के ही पैरों पड़ेंगे।'

हामिद इस प्रबल तर्क का जवाब न दे सका। उसने पूछा–'हमें पकड़ने कौन आयेगा?'

नूरे ने अकड़कर कहा–'यह सिपाही बन्दूक वाला।'

हामिद ने मुँह चिढ़ाकर कहा–'यह बेचारे हमारे बहादुर रुस्तमे-हिन्द को पकड़ेंगे! अच्छा लाओ, अभी जरा कुश्ती हो जाये। इसकी सूरत देखकर दूर से भागेंगे। पकड़ेंगे क्या बेचारे!

मोहसिन को एक नयी चोट सूझ गयी–'तुम्हारे चिमटे का मुँह रोज आग में जलेगा।'

उसने समझा था कि हामिद लाजवाब हो जायेगा, लेकिन यह बात न हुई। हामिद ने तुरन्त जवाब दिया–'आग में बहादुर ही कूदते हैं जनाब! तुम्हारे यह वकील, सिपाही और भिश्ती *लौंडियों*[4] की तरह घर में घुस जायेंगे। आग में कूदना वह काम है, जो रुस्तमे-हिन्द ही कर सकता है।'

---

1. वाद-विवाद। 2. भयभीत। 3. भारत में सबसे बहादुर पहलवान की उपाधि। 4. लड़कियों, औरतों।

महमूद ने एक जोर लगाया–'वकील साहब कुर्सी-मेज पर बैठेंगे। तुम्हारा चिमटा तो *बाबरचीखाने*[1] में जमीन पर खड़ा रहेगा।'

इस तर्क ने सम्मी और नूरे को भी सजीव कर दिया। कितने ठिकाने की बात कही है पट्ठे ने। चिमटा बाबरचीखाने में पड़े रहने के सिवा और क्या कर सकता है।

हामिद को कोई फड़कता हुआ जवाब न सूझा, तो उसने धाँधली शुरू की–'मेरा चिमटा बाबरचीखाने में नहीं रहेगा। वकील साहब कुर्सी पर बैठेंगे, तो जाकर उन्हें जमीन पर पटक देगा और उनका कानून उनके पेट में डाल देगा।'

बात कुछ बनी नहीं। खासी गाली-गलौज थी। कानून को पेट में डालने वाली बात छा गयी कि तीनों *सूरमा*[2] मुँह ताकते रह गये। मानो कोई धेलचा *कनकौआ*[3] किसी गण्डेवाले कनकौए को काट गया हो। कानून मुँह से बाहर निकलने वाली चीज है। उसको पेट के अन्दर डाल दिया जावे, बेतुकी-सी बात होने पर भी कुछ नयापन रखती है। हामिद ने मैदान मार लिया। उसका चिमटा रुस्तमे-हिन्द है। अब इसमें मोहसिन, महमूद, नूरे, सिम्मी किसी को भी आपत्ति नहीं हो सकती।

विजेता को हारने वालों से जो चमत्कार मिलना स्वाभाविक है, वह हामिद को भी मिला। औरों ने तीन-तीन, चार-चार आने पैसे खर्च किये, पर कोई काम की चीज न ले सके। हामिद ने तीन-पैसे में रंग जमा लिया। सच ही तो है, खिलौनों का क्या भरोसा? टूट-फूट जायेंगे। हामिद का चिमटा बना रहेगा बरसों!

महमूद और नूरे ने भी अपने-अपने खिलौने *पेश*[4] किये।

हामिद को इन शर्तों के मानने में कोई आपत्ति न थी। चिमटा बारी-बारी से सबके हाथ में गया और उनके खिलौने बारी-बारी से हामिद के हाथ में आये। कितने खूबसूरत खिलौने हैं।

हामिद ने हारने वाले के आँसू पोंछे–'मैं तुम्हें चिढ़ा रहा था। सच! यह लोहे का चिमटा भला इन खिलौनों की क्या बराबरी करेगा। मालूम होता है, अब बोले, अब बोले।'

लेकिन मोहसिन की पार्टी को इस दिलासे से सन्तोष नहीं होता। चिमटे का सिक्का खूब बैठ गया है। चिपका हुआ टिकट अब पानी से नहीं छूट रहा है।

मोहसिन–'लेकिन इन खिलौनों के लिए कोई हमें दुआ तो न देगा।'

महमूद–'दुआ के लिए फिरते हो। उलटे मार न पड़े। अम्माँ जरूर कहेंगी कि मेले में मिट्टी के खिलौने तुम्हें मिले?'

---

1. रसोई घर। 2. बहादुर। 3. पतंग। 4. प्रस्तुत।

हामिद को स्वीकार करना पड़ा कि खिलौनों को देखकर किसी की माँ इतनी खुश न होंगी, जितनी दादी चिमटे को देखकर होंगी। तीन पैसों ही में तो उसे सब कुछ करना था और उन पैसों के इस उपयोग पर पछतावे की बिलकुल जरूरत न थी। फिर अब तो चिमटा रुस्तमे-हिन्द है और सभी खिलौनों का बादशाह।

रास्ते में महमूद को भूख लगी। उसके बाप ने केले खाने को दिये। महमूद ने केवल हामिद को साझी बनाया। उसके अन्य मित्र मुँह ताकते रह गये। यह उस चिमटे का प्रसाद था।

(तीन)

ग्यारह बजे सारे गाँव में हलचल मच गयी। मेले वाले आ गये। मोहसिन की छोटी बहन ने दौड़कर भिश्ती उसके हाथ से छीन लिया और मारे खुशी के जो उछली, तो मियाँ भिश्ती नीचे आ रहे और सुरलोक सिधारे। इस पर भाई-बहन में मार-पीट हुई। दोनों खूब रोये। उनकी अम्माँ यह शोर सुनकर बिगड़ीं और दोनों को ऊपर से दो-दो चाँटे और लगाये।

मियाँ नूरे के वकील का अन्त उसके *प्रतिष्ठानुकूल*[1] इससे ज्यादा गौरवमय हुआ। वकील जमीन पर या ताक पर तो नहीं बैठ सकता। उसकी मर्यादा का विचार तो करना ही होगा। दीवार में दो खूटियाँ गाड़ी गयीं। उन पर लकड़ी का एक पटरा रखा गया। पटरे पर कागज का कालीन बिछाया गया। वकील साहब राजा भोज की भाँति सिंहासन पर बिराजे। नूरे ने उन्हें पंखा झलना शुरू किया। अदालतों में खस की टट्टियाँ और बिजली के पंखे रहते हैं। क्या यहाँ मामूली पंखा भी न हो। कानून की गरमी दिमाग पर चढ़ जायेगी कि नहीं। बाँस का पंखा आया और नूरे हवा करने लगे। मालूम नहीं, पंखे की हवा से या पंखे की चोट से वकील साहब स्वर्गलोक से मर्त्यलोक में आ रहे और उनका माटी का चोला माटी में मिल गया। फिर बड़े जोर-जोर से *मातम*[2] हुआ और वकील साहब की *अस्थि*[3] घूरे पर डाल दी गयी।

अब रहा महमूद का सिपाही। उसे चटपट गाँव का पहरा देने का चार्ज मिल गया लेकिन पुलिस का सिपाही कोई साधारण व्यक्ति तो था नहीं, जो अपने पैरों चले। वह पालकी पर चलेगा। एक टोकरी आयी, उसमें कुछ लाल रंग के फटे-पुराने चिथड़े बिछाये गये, जिसमें सिपाही साहब आराम से लेटे। नूरे ने यह टोकरी उठायी और अपने द्वार का चक्कर लगाने लगे। उनके दोनों छोटे भाई सिपाही की तरफ से 'छोने वाले, जागते लहो' पुकारते चलते हैं। मगर रात को अन्धेरी ही होनी चाहिए। महमूद को ठोकर लग जाती है। टोकरी उसके हाथ से

---

1. सम्मान के लायक। 2. रोना-धोना। 3. हड्डी, टूटे हुए टुकड़े।

छूटकर गिर पड़ती है और मियाँ सिपाही अपनी बन्दूक लिये जमीन पर आ जाते हैं और उनकी एक टाँग में *विकार[1]* आ जाता है। महमूद को आज ज्ञात हुआ कि वह अच्छा डाक्टर है। उसको ऐसा मरहम मिल गया है, जिससे वह टूटी टाँग को आनन-*फानन[2]* जोड़ सकते हैं। केवल गूलर का दूध चाहिए। गूलर का दूध आता है। टाँग जोड़ दी जाती है। *शल्यक्रिया[3]* असफल हुई। तब उसकी दूसरी टाँग भी तोड़ दी जाती है। अब कम-से-कम एक जगह आराम से बैठ तो सकता है। एक टाँग से तो न चल सकता था न बैठ सकता था। अब वह सिपाही संन्यासी हो गया है। अपनी जगह पर बैठा-बैठा पहरा देता है। कभी-कभी देवता भी बन जाता है। उसके सिर का झालरदार साफा खुरच दिया गया है। अब उसका जितना रूपान्तर चाहो, कर सकते हो। कभी-कभी तो उससे बाट का काम भी लिया जाता है।

अब मियाँ हामिद का हाल सुनिए। अमीना उसकी आवाज सुनते ही दौड़ी और उसे गोद में उठाकर प्यार करने लगी। सहसा उसके हाथ में चिमटा देखकर वह चौंकी।

'यह चिमटा कहाँ था?'

'मैंने मोल लिया है।'

'कै पैसे में।'

'तीन पैसे दिये?'

अमीना ने छाती पीट ली। यह कैसा बेसमझ लड़का है कि दो पहर हुआ कुछ खाया न पिया। लाया क्या, यह चिमटा! सारे मेले में तुझे और कोई चीज न मिली, जो यह लोहे का चिमटा उठा लाया।

हामिद ने अपराधी भाव से कहा—'तुम्हारी उँगलियाँ तवे से जल जाती थीं, इसलिए मैंने इसे ले लिया।'

बुढ़िया का क्रोध तुरन्त स्नेह में बदल गया, और स्नेह भी वह नहीं, जो *प्रगल्भ[4]* होता है और अपनी सारी *कसक[5]* शब्दों में बिखेर देता है। यह मूक स्नेह था, खूब ठोस, रस और स्वाद से भरा हुआ। बच्चे में कितना त्याग, कितना सद्भाव और कितना विवेक है? दूसरों को खिलौने लेते और मिठाई खाते देखकर इसका मन कितना ललचाया होगा। इतना *जब्त[6]* इससे हुआ कैसे? वहाँ भी इसे अपनी बुढ़िया दादी की याद बनी रही। अमीना का मन गद्गद हो गया।

---

1. खराबी। 2. तत्काल। 3. आपरेशन। 4. चतुर। 5. पीड़ा। 6. संयम।

और, अब एक बड़ी विचित्र बात हुई। हामिद के इस चिमटे से भी विचित्र। बच्चे हामिद ने बूढ़े हामिद का पार्ट खेला था। बुढ़िया अमीना बालिका अमीना बन गयी। वह रोने लगी। दामन फैलाकर हामिद को दुआएँ देती जाती थी और आँसू की बड़ी-बड़ी बूँदें गिराती जाती थी। हामिद इसका रहस्य क्या समझता?

शिक्षा

परिश्रम से कमाये गये धन का ऐसा उपयोग करो कि तुम्हारे आत्मीय प्रसन्न होकर तुम्हें दुआएँ दें।

सन्देश

➤ 'गुदड़ी के लाल' छोटी उम्र में ही सयाने होते हैं। उनमें अपने हमउम्रों की अपेक्षा सोचने की बुद्धि अधिक होती है।

➤ प्रायः अभावों में पलने वाले बच्चे अधिक सयाने होते हैं।

➤ जो बच्चे बिना माँ-बाप के होते हैं, वे प्रायः बड़ों जैसी सोच व समझ रखते हैं।

बूढ़ी काकी

प्रेमचन्द का उपन्यास 'प्रतिज्ञा' सन् 1906 में प्रकाशित हुआ, जो विधवाओं की दुर्गति और उनकी समस्याओं तथा उनके स्वभाव पर आधारित था। विधवाओं की समस्याओं का प्रत्यक्ष अनुभव प्रेमचन्द ने अपने इर्द-गिर्द स्वयं देखा व अनुभव किया था। इसी से उनके बारे में उन्होंने इतना सटीक वर्णन किया है।

(एक)

बुढ़ापा बहुधा बचपन का *पुनरागमन*[1] हुआ करता है। बूढ़ी काकी में जिह्वा-*स्वाद*[2] के सिवा और कोई चेष्टा न थी और न अपने कष्टों की ओर आकर्षित करने का और न रोने के अतिरिक्त कोई दूसरा सहारा ही। समस्त इन्द्रियाँ, नेत्र, हाथ और पैर जवाब दे चुके थे। पृथ्वी पर पड़ी रहतीं और घर वाले कोई बात उनकी इच्छा के प्रतिकूल करते, भोजन का समय टल जाता या उसका *परिमाण*[3] पूर्ण न होता अथवा बाजार से कोई वस्तु आती और न मिलती, तो वे रोने लगती थीं। उनका रोना-सिसकना साधारण रोना न था, वे गला फाड़-फाड़ कर रोती थीं।

उनके पतिदेव को स्वर्ग सिधारे *कालान्तर*[4] हो चुका था। बेटे तरुण हो-होकर चल बसे थे। अब एक भतीचे के सिवाय और कोई न था। उसी भतीचे के नाम उन्होंने अपनी सारी सम्पत्ति लिख दी। भतीजे ने सारी सम्पत्ति लिखाते समय खूब लम्बे-चौड़े वादे किये, किन्तु वे सब वादे केवल कुली डिपो के दलालों के दिखाये हुए *सब्जबाग*[5] थे। यद्यपि उस सम्पत्ति की वार्षिक आय डेढ़-दो सौ रुपये से कम न थी तथापि बूढ़ी काकी को पेट भर भोजन भी कठिनाई से मिलता था। इसमें उसके भतीजे पण्डित बुद्धिराम का अपराध था अथवा उसकी *अर्धांगिनी*[6] श्रीमती रूपा का, इसका निर्णय करना सहज नहीं। बुद्धिराम स्वभाव के सज्जन थे, किन्तु उसी समय तक, जब कि उनके कोष पर कोई आँच न आये। रूपा स्वभाव से तीव्र थी सही, पर ईश्वर से डरती थी। अतएव बूढ़ी काकी को उसकी तीव्रता उतनी न खलती, जितनी बुद्धिराम की *भलमनसाहत*[7]।

---

1. दुबारा आना। 2. चटोरापन। 3. मात्रा। 4. काफी समय। 5. झूठे वादे। 6. पत्नी। 7. शराफत।

बुद्धिराम को कभी-कभी अपने अत्याचार का खेद होता था। विचारते कि इसी सम्पत्ति के कारण मैं इस समय भलामानुष बना बैठा हूँ। यदि मौखिक आश्वासन और सूखी सहानुभूति से स्थिति में सुधार हो सकता हो, तो उन्हें कदाचित कोई आपत्ति न होती, परन्तु विशेष व्यय का भय उनकी *सुचेष्टा*[1] को दबाये रखता था। यहाँ तक कि यदि द्वार पर कोई भला आदमी बैठा होता और बूढ़ी काकी उस समय अपना राग *अलापने*[2] लगती, तो वह आग हो जाते और घर में आकर उन्हें जोर से डाँटते। लड़कों को बुड्ढों से स्वाभाविक विद्वेष होता ही है और फिर जब माता-पिता का यह रंग देखते, तो वे बूढ़ी काकी को और सताया करते। कोई चुटकी काट कर भागता, कोई इन पर पानी की कुल्ली कर देता। काकी चीख मारकर रोतीं, परन्तु यह बात प्रसिद्ध थी कि वह केवल खाने के लिए रोती हैं, अतएव उनके सन्ताप और *आर्त्तनाद*[3] पर कोई ध्यान नहीं देता था। हाँ, काकी *क्रोधातुर*[4] होकर बच्चों को गालियाँ देने लगतीं, तो रूपा घटनास्थल पर पहुँचती। इन भय से काकी अपनी जिह्वा-*कृपाण*[5] का कदाचित् ही प्रयोग करती थीं, यद्यपि उपद्रव-शान्ति का यह उपाय रोने से कहीं अधिक उपयुक्त था।

सम्पूर्ण परिवार में यदि काकी से किसी को अनुराग था, तो वह बुद्धिराम की छोटी लड़की लाडली थी। लाडली अपने दोनों भाइयों के भय से अपने हिस्से की मिठाई-चबैना बूढ़ी काकी के पास बैठकर खाया करती थी। यही उसका *रक्षागार*[6] था और यद्यपि काकी की शरण उनकी लोलुपता के कारण बहुत महँगी पड़ती थी, तथापि भाइयों के अन्याय से कहीं *सुलभ*[7] थी। इसी *स्वार्थानुकूलता*[8] ने उन दोनों में सहानुभूति का आरोपण कर दिया था।

(दो)

रात का समय था। बुद्धिराम के द्वार पर शहनाई बज रही थी और गाँव के बच्चों का झुण्ड विस्मयपूर्ण नेत्रों से गाने का रसास्वादन कर रहा था। चारपाइयों पर मेहमान विश्राम करते हुए नाइयों से मुक्कियाँ लगवा रहे थे। समीप खड़ा हुआ भाट *विरुदावली*[9] सुना रहा था और कुछ *भावज्ञ*[10] मेहमानों की 'वाह, वाह' पर ऐसा खुश हो रहा था मानो इस 'वाह-वाह' का यथार्थ में वही अधिकारी है। दो-एक अँग्रेजी पढ़े हुए नवयुवक इन व्यवहारों से उदासीन थे। वे इस गँवार मण्डली में बोलना अथवा सम्मिलित होना अपनी प्रतिष्ठा के प्रतिकूल समझते थे।

आज बुद्धिराम के बड़े लड़के मुखराम का तिलक आया है। यह उसी का

---

1. अच्छा व्यवहार। 2. गाना। 3. चीत्कार, चीख-पुकार। 4. क्रोध में आकर। 5. गाली रूपी तलवार। 6. आश्रय-स्थल। 7. आसान। 8. स्वार्थ के कारण। 9. गुणगान, प्रशस्ति।
10. भाव को जानने वाला।

उत्सव है। घर के भीतर स्त्रियाँ गा रही थीं और रूपा मेहमानों के लिए भोजन के प्रबन्ध में व्यस्त थी। भट्ठियों पर कड़ाह चढ़ रहे थे। एक में पूड़िया-कचौड़ियाँ निकल नही थीं, दूसरे में अन्य पकवान बनते थे। एक बड़े हण्डे में मसालेदार तरकारी पक रही थी। घी और मसाले की *क्षुधावर्द्धक*[1] सुगन्ध चारों ओर फैली हुई थी।

बूढ़ी काकी अपनी कोठरी में शोकमय विचार की भाँति बैठी हुई थीं। यह *स्वादमिश्रित*[2] सुगन्ध उन्हें बेचैन कर रही थी। वे मन ही मन विचार कर रही थीं, सम्भवतः मुझे पूड़ियाँ न मिलेंगी। इतनी देर हो गयी, कोई भोजन लेकर नहीं आया। मालूम होता है, सब लोग भोजन कर चुके हैं। मेरे लिए कुछ न बचा। यह सोचकर उन्हें रोना आया, परन्तु अशकुन के भय से वह रो न सकीं।

"आह! कैसी सुगन्ध है? अब मुझे कौन पूछता है। जब रोटियों ही के लाले पड़े हैं, तब ऐसे भाग्य कहाँ कि भरपेट पूड़ियाँ मिलें?" यह विचार कर उन्हें रोना आया, कलेजे में हूक-सी उठने लगी, परन्तु रूपा के भय से उन्होंने फिर मौन धारण कर लिया।

बूढ़ी काकी देर तक इन्हीं दुःखदायक विचारों में डूबी रहीं। घी और मसालों की सुगन्ध रह-रह कर मन को आपे से बाहर किये देती थी। मुँह में पानी भर-भर आता था। पूड़ियों का स्वाद स्मरण करके हृदय में गुदगुदी होने लगती थी। किसे पुकारूँ, आज लाडली बेटी भी नहीं आयी। दोनों *छोकरे*[3] सदा *दिक*[4] करते हैं। आज उनका भी कहीं पता नहीं। कुछ मालूम तो होता कि क्या बन रहा है।

बूढ़ी काकी की कल्पना में पूड़ियों की तस्वीर नाचने लगी। खूब लाल-लाल फूली-फूली, नरम-नरम होंगी। रूपा ने भली-भाँति भोजन किया होगा। कचौड़ियों में अजवाइन और इलायची की महक आ रही होगी। एक पूड़ी मिलती, तो जरा हाथ में लेकर देखती। क्यों न चलकर कड़ाह के सामने ही बैठूँ। पूड़ियाँ छन-छन कर तैयार होंगी। कड़ाह से गरम-गरम निकालकर थाल में रखी जाती होंगी। फूल हम घर में भी सूँघ सकते हैं, परन्तु वाटिका में कुछ और बात होती है। इस प्रकार निर्णय करके बूढ़ी काकी उकड़ूँ बैठकर हाथों के बल सरकती हुई बड़ी कठिनाई में चौखट से उतरीं और धीरे-धीरे रेंगती हुई कड़ाह के पास आ बैठीं। यहाँ आने पर उन्हें उतना ही धैर्य हुआ, जितना भूखे कुत्ते को खाने वाले के सम्मुख बैठने में होता है।

रूपा उस समय कार्य-भार से *उद्विग्न*[4] हो रही थी। कभी इस कोठे में जाती, कभी उस कोठे में। कभी कड़ाह के पास आती, कभी भण्डार में जाती। किसी

---

1. भूख बढ़ाने वाली। 2. स्वाद में मिली हुई। 3. लड़के। 4. परेशान।

ने बाहर से आकर कहा–"महाराज ठण्डाई माँग रहे हैं।" ठण्डाई देने लगी। इतने में फिर किसी ने आकर कहा–"भाट आया है, उसे कुछ दे दो।" भाट के लिए *सीधा*[1] निकाल रही थी कि एक तीसरे आदमी ने आकर पूछा–"अभी भोजन तैयार होने में कितना विलम्ब है? जरा ढोल, मजीरा उतार दो।" बेचारी अकेली स्त्री दौड़ते-दौड़ते व्याकुल हो रही थी। झुँझलाती थी, कुढ़ती थी, परन्तु क्रोध प्रकट करने का अवसर न पाती थी। भय होता, कहीं पड़ोसिनें यह न कहने लगें कि इतने में उबल पड़ीं। प्यास से स्वयं कण्ठ सूख रहा था। गरमी के मारे फुँकी जाती थी, परन्तु इतना अवकाश भी नहीं था कि जरा पानी पी ले अथवा पंखा लेकर झले। यह भी खटका था कि जरा आँख हटी और चीजों की लूट मची। इस अवस्था में उसने बूढ़ी काकी को कड़ाह के पास बैठी देखा, तो जल गयी। क्रोध न रुक सका। इसका भी ध्यान न रहा कि पड़ोसिनें बैठी हुई हैं, मन में क्या कहेंगी, पुरुषों में लोग सुनेंगे तो क्या कहेंगे। जिस प्रकार मेढक केंचुए पर झपटता है, उसी प्रकार वह बूढ़ी काकी पर झपटी और उन्हें दोनों हाथों से झपटकर बोली–'ऐसे पेट में आग लगे। पेट है या भाड़? कोठरी में बैठते हुए क्या दम घुटता था? अभी मेहमानों ने नहीं खाया, भगवान को भोग नहीं लगा, तब तक धैर्य न हो सका? आकर छाती पर सवार हो गयी? जल जाये ऐसी जीभ। दिन भर खाती न होती, तो न जाने किसकी हाण्डी में मुँह डालती? गाँव देखेगा तो कहेगा कि बुढ़िया भरपेट खाने को नहीं पाती, तभी तो इस तरह मुँह *बाये*[2] फिरती है। डायन न मरे न *माँचा*[3] छोड़े। नाम बेचने पर लगी है। नाक कटवा कर दम लेगी। इतनी ठूँसती है, न जाने कहाँ भस्म हो जाता है। भला चाहती हो, तो जाकर कोठरी में बैठो। जब घर के लोग खाने लगेंगे, तब तुम्हें भी मिलेगा। तुम कोई देवी नहीं हो कि चाहे किसी के मुँह में पानी न जाये, परन्तु तुम्हारी पूजा पहले ही हो जाये।

बूढ़ी काकी ने सिर उठाया। न रोईं न बोलीं। चुपचाप रेंगती हुई अपनी कोठरी में चली गयीं। आवाज ऐसी कठोर थी कि हृदय और मस्तिष्क की सम्पूर्ण शक्तियाँ, सम्पूर्ण विचार और सम्पूर्ण भार उसी ओर आकर्षित हो गये थे। नदी में जब कगार का कोई बृहद् खण्ड कट कर गिरता है, तो आस-पास का जलसमूह चारों ओर उसी स्थान को पूरा करने के लिए दौड़ता है!

(तीन)

भोजन तैयार हो गया है। आँगन में पत्तलें पड़ गयीं, मेहमान खाने लगे। स्त्रियों ने *जेवनार-गीत*[4] गाना आरम्भ कर दिया। मेहमानों के नाई और सेवकगण भी उसी

---

1. राशन, अन्न। 2. खोले। 3. मचान, बैठने का स्थान। 4. भोजन के समय गाया जाने वाला गीत।

मण्डली के साथ, किन्तु कुछ हटकर भोजन करने बैठे थे, परन्तु सभ्यतानुसार जब तक सब के सब खा न चुके, कोई उठ नहीं सकता था। दो-एक मेहमान जो कुछ पढ़े-लिखे थे, सेवकों के *दीर्घाहार*[1] पर झुँझला रहे थे। वे इस बन्धन को व्यर्थ और बे-सिर-पैर की बात समझते थे।

बूढ़ी काकी अपनी कोठरी में जाकर पश्चात्ताप कर रही थी कि मैं कहाँ से कहाँ गयी। उन्हें रूपा पर क्रोध नहीं था, अपनी जल्दबाजी पर दुःख था। सच ही तो है, जब तक मेहमान लोग भोजन न कर चुकेंगे, घर वाले कैसे खायेंगे। मुझसे इतनी देर भी न रहा गया। सबके सामने पानी उतर गया। अब जब तक कोई बुलाने न आयेगा, न जाऊँगी।

मन ही मन इस प्रकार का विचार कर वह बुलाने की प्रतीक्षा करने लगीं। परन्तु घी की रुचिकर सुबास बड़ी धैर्य-*परीक्षक*[2] प्रतीत हो रही थी। उन्हें एक-एक पल, एक-एक युग के समान मालूम होता था। अब पत्तल बिछ गयी होगी, अब मेहमान आ गये होंगे। लोग हाथ-पैर धो रहे हैं, नाई पानी दे रहा है। मालूम होता है लोग खाने बैठ गये। जेवनार गाया जा रहा है, यह विचार कर वह मन को बहलाने के लिए लेट गयीं। धीरे-धीरे एक गीत गुनगुनाने लगीं। उन्हें मालूम हुआ कि मुझे गाते देर हो गयी। क्या इतनी देर तक लोग भोजन कर ही रहे होंगे। किसी की आवाज नहीं सुनायी देती। अवश्य ही लोग खा-पीकर चले गये। मुझे कोई बुलाने नहीं आया। रूपा चिढ़ गयी है, क्या जाने न बुलाये। सोचती हो कि आप ही आवेंगी, वह कोई मेहमान तो नहीं, जो उन्हें बुलाऊँ। बूढ़ी काकी चलने के लिए तैयार हुईं। यह विश्वास कि एक मिनट में पूड़ियाँ और मसालेदार तरकारियाँ सामने आयेंगी, उनकी *स्वादेन्द्रियों*[3] को गुदगुदाने लगा। उन्होंने मन में तरह-तरह के *मंसूबे*[4] बाँधे—'पहले तरकारी से पूड़ियाँ खाऊँगी, फिर दही और शक्कर से। कचौरियाँ रायते के साथ मजेदार मालूम होंगी। चाहे कोई बुरा माने चाहे भला, मैं तो माँग-माँग कर खाऊँगी। यही न, लोग कहेंगे कि इन्हें विचार नहीं। कहा करें, इतने दिन के बाद पूड़ियाँ मिल रही हैं, तो मुँह जूठा करके थोड़े ही उठ जाऊँगी।'

वह उकड़ूँ बैठकर हाथों के बल सरकती हुई आँगन में आयीं। परन्तु हाय दुर्भाग्य! अभिलाषा ने अपने पुराने स्वभाव के अनुसार समय की मिथ्या कल्पना की थी। मेहमान-मण्डली अभी बैठी हुई थी। कोई खाकर उँगलियाँ चाटता था, कोई तिरछे नेत्रों से देखता था कि और लोग अभी खा रहे हैं या नहीं। कोई इस चिन्ता में था कि पत्तल पर पूड़ियाँ छूटी जाती हैं, किसी तरह इन्हें भीतर रख

---

1. अधिक भोजन। 2. धीरज की परीक्षा लेने वाला। 3. जीभ। 4. इरादा।

लेता। कोई दही खाकर जीभ चटकाता था, परन्तु दूसरा दोना माँगता संकोच करता था कि इतने में बूढ़ी काकी रेंगती हुई उनके बीच में आ पहुँचीं। कई आदमी चौंककर उठ खड़े हुए। पुकारने लगे–'अरे यह बुढ़िया कौन है। यहाँ कहाँ से आ गयी? देखो किसी को छू न दे।'

पण्डित बुद्धिराम काकी को देखते ही क्रोध से तिलमिला गये। पूड़ियों का थाल लिये खड़े थे। थाल को जमीन पर पटक दिया और जिस प्रकार निर्दयी महाजन अपने किसी बेईमान और भगोड़े कर्जदार को देखते ही झपटकर उसका *टेंटुआ*[1] पकड़ लेता है, उसी तरह लपक कर उन्होंने काकी के दोनों हाथ पकड़े और घसीटते हुए लाकर उन्हें अन्धेरी कोठरी में धम् से पटक दिया। आशारूपी वाटिका लू के एक झोंके में नष्ट-विनष्ट हो गयी।

मेहमानों ने भोजन किया। घरवालों ने भोजन किया। बाजे वाले, धोबी, चमार भी भोजन कर चुके, परन्तु बूढ़ी काकी को किसी ने न पूछा। बुद्धिराम और रूपा दोनों ही बूढ़ी काकी को निर्लज्जता के लिए दण्ड देने का निश्चय कर चुके थे। उनके बुढ़ापे पर, दीनता पर, *हतज्ञान*[2] पर किसी को *करुणा*[3] न आयी। अकेली लाडली उनके लिए कुढ़ रही थी।

लाडली को काकी से अत्यन्त प्रेम था। बेचारी भोली लड़की थी। बाल-विनोद और चंचलता की उसमें गन्ध तक न थी। दोनों बार जब उसके माता-पिता ने काकी को निर्दयता से घसीटा, तो लाडली का हृदय ऐंठ कर रह गया। वह झुँझला रही थी कि हम लोग काकी को क्या बहुत-सी पूड़ियाँ नहीं देते। क्या मेहमान सब की सब खा जायेंगे? और यदि काकी ने मेहमानों से पहले खा लिया, तो क्या बिगड़ जायेगा? वह काकी के पास जाकर उन्हें धैर्य देना चाहती थी, परन्तु माता के भय से न जाती थी। उसने अपने हिस्से की पूड़ियाँ बिल्कुल न खायी थीं। अपनी गुड़ियों की पिटारी में बन्द कर रखी थीं। उन पूड़ियों को काकी के पास ले जाना चाहती थी। उसका हृदय अधीर हो रहा था। बूढ़ी काकी मेरी बात सुनते ही उठ बैठेंगी, पूड़ियाँ देखकर कैसी प्रसन्न होंगी! मुझे खूब प्यार करेंगी!

(चार)

रात के ग्यारह बज गये थे। रूपा आँगन में पड़ी सो रही थी। लाडली की आँखों में नींद न आती थी। काकी को पूड़ियाँ खिलाने की खुशी उसे सोने न देती थी। उसने गुड़ियों की पिटारी सामने रखी थी। जब विश्वास हो गया कि अम्माँ सो रही हैं, तो वह चुपके से उठी और विचारने लगी, कैसे चलूँ। चारो ओर अन्धेरा

---

1. गर्दन। 2. नष्ट हुए ज्ञान। 3. दया।

था। केवल चूल्हों में आग चमक रही थी और चूल्हों के पास एक कुत्ता लेटा हुआ था। लाडली की दृष्टि द्वार के सामने वाले नीम की ओर गयी। उसे मालूम हुआ कि उस पर हनुमान जी बैठे हुए हैं। उनकी पूँछ, उनकी गदा, वह स्पष्ट दिखलायी दे रही है। मारे भय के उसने आँखें बन्द कर लीं। इतने में कुत्ता उठ बैठा, लाडली को ढाढ़स हुआ। कई सोये हुए मनुष्यों के बदले एक भागता हुआ कुत्ता उसके लिए अधिक धैर्य का कारण हुआ। उसने पिटारी उठायी और बूढ़ी काकी की कोठरी की ओर चली।

(पाँच)

बूढ़ी काकी को केवल इतना स्मरण था कि किसी ने मेरे हाथ पकड़ कर घसीटे, फिर ऐसा मालूम हुआ कि जैसे कोई पहाड़ पर उड़ाये लिये जाता है। उनके पैर बार-बार पत्थरों से टकराये, तब किसी ने उन्हें पहाड़ पर से पटका, वे मूर्च्छित हो गयीं।

जब से सचेत हुईं, तो किसी की जरा भी आहट न मिलती थी। समझीं कि सब लोग खा-पीकर सो गये और उनके साथ मेरी तकदीर भी सो गयी। रात कैसे कटेगी? हे राम! क्या खाऊँ? पेट में अग्नि धधक रही है। हा! किसी ने मेरी सुधि न ली। क्या मेरा पेट काटने से धन जुड़ जायेगा? इन लोगों को इतनी भी दया नहीं आती कि न जाने बुढ़िया कब मर जाये? उसका जी क्यों दुखावें? मैं पेट की रोटियाँ ही खाती हूँ कि और कुछ? इस पर यह हाल। मैं अन्धी, अपाहिज ठहरी, न कुछ सुनूँ, न बूझूँ। यदि आँगन में चली गयी, तो क्या बुद्धिराम से इतना कहते न बनता था कि काकी अभी लोग खा रहे हैं फिर आना। मुझे घसीटा, पटका। उन्हीं पूड़ियों के लिए रूपा ने सबके सामने गालियाँ दीं। उन्हीं पूड़ियों के लिए इतनी दुर्गति करने पर भी उन पत्थर का कलेजा न पसीजा। सबको खिलाया, मेरी बात तक न पूछी। जब तब ही न दीं, तब अब क्या देंगे?

यह विचार कर काकी निराशामय सन्तोष के साथ लेट गयीं। *ग्लानि*[1] से गला भर-भर आता था, परन्तु मेहमानों के भय से रोती न थीं।

सहसा उनके कानों में आवाज आयी–"काकी उठो! मैं पूड़ियाँ लायी हूँ।" काकी ने लाडली की बोली पहचानी। चटपट उठ बैठीं। दोनों हाथों से लाडली को टटोला और उसे गोद में बैठा लिया। लाडली ने पूड़ियाँ निकाल कर दीं।

काकी ने पूछा–'क्या तुम्हारी अम्मा ने दी हैं?'

लाडली ने कहा–'नहीं? यह मेरे हिस्से की हैं।'

---

1. पश्चात्ताप से उत्पन्न दुःख।

काकी पूड़ियों पर टूट पड़ीं। पाँच मिनट में पिटारी खाली हो गयी। लाडली ने पूछा–'काकी पेट भर गया?'

जैसी थोड़ी-सी वर्षा ठण्डक के स्थान पर और भी गरमी पैदा कर देती है, उस भाँति पूड़ियों ने काकी की क्षुधा और इच्छा को और उत्तेजित कर दिया था। बोलीं–'नहीं बेटी! जाकर अम्माँ से और माँग लाओ।'

लाडली ने कहा–'अम्माँ सोती हैं, जगाऊँगी तो मारेंगी।'

काकी ने पिटारी को फिर टटोला। उसमें कुछ खुरचन गिरी थी। उन्हें निकाल कर वे खा गयीं। बार-बार होंठ चाटती थीं, चटखारे भरती थीं।

हृदय मसोस रहा था कि और पूड़ियाँ कैसे पाऊँ। *सन्तोष-सेतु*[1] जब टूट जाता है, तब इच्छा का बहाव *अपरिमित*[2] हो जाता है। मतवालों को मद का स्मरण करना उन्हें मदान्ध बनाता है। काकी का अधीर मन इच्छा के प्रबल प्रवाह में बह गया। उचित और अनुचित का विचार जाता रहा। वे कुछ देर तक उस इच्छा को रोकती रहीं। सहसा लाडली से बोली–'मेरा हाथ पकड़कर वहाँ ले चलो, जहाँ मेहमानों ने बैठकर भोजन किया है।'

लाडली उनका *अभिप्राय*[3] समझ न सकी। उसने काकी का हाथ पकड़ा और ले जाकर जूठे पत्तलों के पास बैठा दिया। दीन, *क्षुधातुर*[4], *हतज्ञान*[5] बुढ़िया पत्तलों से पूड़ियों के टुकड़े चुन-चुन कर *भक्षण*[6] करने लगी। ओह दही कितना स्वादिष्ट था, कचौड़ियाँ कितनी सलोनी, खस्ता कितने सुकोमल। काकी बुद्धिहीन होते हुए भी इतना जानती थीं कि मैं वह काम कर रही हूँ, जो मुझे कदापि न करना चाहिए। मैं दूसरों की झूठी पत्तल चाट रही हूँ। परन्तु बुढ़ापा तृष्णा-*रोग*[7] का अन्तिम समय है, जब सम्पूर्ण इच्छाएँ एक ही केन्द्र पर आ लगती हैं। बूढ़ी काकी में यह केन्द्र उनकी स्वादेन्द्रिय थी।

ठीक उसी समय रूपा की आँखें खुलीं। उसे मालूम हुआ कि लाडली मेरे पास नहीं है। वह चौंकी, चारपाई के इधर-उधर ताकने लगी कि कहीं नीचे तो नहीं गिर पड़ी। उसे वहाँ न पाकर वह उठी, तो देखती है कि लाडली जूठे पत्तलों के पास चुपचाप खड़ी है और बूढ़ी काकी पत्तलों पर से पूड़ियों के टुकड़े उठा-उठाकर चाट रही हैं। रूपा का हृदय सन्न हो गया। किसी गाय की गर्दन पर छुरी चलते देखकर जो अवस्था उसकी होती, वही उस समय हुई। एक ब्राह्मणी दूसरों की जूठी पत्तल टटोले, इससे अधिक शोकमय दृश्य असम्भव था। पूड़ियों के कुछ *ग्रासों*[8] के लिए उसकी चचेरी सास ऐसे पतित और *निकृष्ट*[9] कर्म कर

---

1. धैर्य। 2. विशाल। 3. आशय, मतलब। 4. भूख से व्याकुल। 5. जिसका ज्ञान या बुद्धि नष्ट हो गयी हो। 6. खाना। 7. भूख का रोग। 8. कौर। 9. नीच कर्म।

रही है! यह वह दृश्य था, जिसे देखकर देखने वालों के हृदय काँप उठते हैं। ऐसा प्रतीत होता मानो जमीन रुक गयी, आसमान चक्कर खा रहा है। संसार पर कोई आपत्ति आने वाली है। रूपा को क्रोध न आया। शोक के सम्मुख क्रोध कहाँ? करुणा और भय से उसकी आँखें भर आयीं। इस अधर्म के पाप का भागी कौन है? उसने सच्चे हृदय से *गगन-मण्डल[1]* की ओर हाथ उठाकर कहा–'परमात्मा! मेरे बच्चों पर दया करो। इस अधर्म का दण्ड मुझे मत दो, नहीं तो मेरा सत्यानाश हो जायेगा।'

रूपा को अपनी स्वार्थपरता और अन्याय इस प्रकार *प्रत्यक्ष[2]* रूप में कभी न देख पड़े थे। वह सोचने लगी–'हाय! कितनी निर्दय हूँ। जिसकी सम्पत्ति से मुझे दो सौ रुपया वार्षिक आय हो रही है, उसकी यह दुर्गति! और मेरे कारण! हे दयामय! मुझसे बड़ी भारी चूक हुई है, मुझे क्षमा करो। आज मेरे बेटे का तिलक था। सैकड़ों मनुष्यों ने भोजन पाया। मैं उनके इशारों की दासी बनी रही। अपने नाम के लिए सैकड़ों रुपये व्यय कर दिये, परन्तु जिसकी बदौलत हजारों रुपये खाये, उसे इस उत्सव में भी भरपेट भोजन न दे सकी। केवल इसी कारण तो, वह वृद्धा असहाय है।'

रूपा ने दिया जलाया, अपने भण्डार का द्वार खोला और एक थाली में सम्पूर्ण सामग्रियाँ सजाकर लिये हुए बूढ़ी काकी की ओर चली।

आधी रात जा चुकी थी, आकाश पर तारों के थाल सजे हुए थे और उन पर बैठे हुए देवगण स्वर्गीय पदार्थ सजा रहे थे, परन्तु उसमें किसी को वह परमानन्द प्राप्त न हो सकता था, जो बूढ़ी काकी को अपने सम्मुख थाल देखकर प्राप्त हुआ। रूपा ने *कण्ठावरुद्ध[3]* स्वर में कहा–'काकी! उठो, भोजन कर लो, मुझसे आज बड़ी भूल हुई, उसका बुरा न मानना। परमात्मा से प्रार्थना कर दो कि वह मेरा अपराध क्षमा कर दें।'

भोले-भाले बच्चे की भाँति, जो मिठाइयाँ पाकर मार और तिरस्कार सब भूल जाता है, बूढ़ी काकी वैसे ही सब भुलाकर बैठी हुई खाना खा रही थीं। उनके एक-एक रोयें से सच्ची *सदिच्छाएँ[4]* निकल रही थीं और रूपा बैठी स्वर्गीय दृश्य का आनन्द लेने में निमग्न थी।

---

1. आकाश। 2. साक्षात, समक्ष। 3. भरे हुए कण्ठ से। 4. आशीर्वाद।

शिक्षा

घर के बुजुर्गों का सम्मान करो, सेवा करो, भोजन दो। तभी तुम्हारा कल्याण होगा।

सन्देश

➤ बूढ़े व्यक्तियों में प्रायः जीभ का चटोरापन बच्चों से भी बढ़कर होता है।

➤ जीभ के चटोरेपन के कारण ही उनका बुढ़ापा कष्टमय और बिना सम्मान के व्यतीत होता है।

➤ बुढ़ापे में चटोरेपन पर नियन्त्रण रखें और अपनी इज्जत व सम्मान को बचायें।

आत्म–विकास/व्यक्तित्व विकास

Also Available
in Hindi

Also Available
in Hindi

Also Available
in Kannada, Tamil

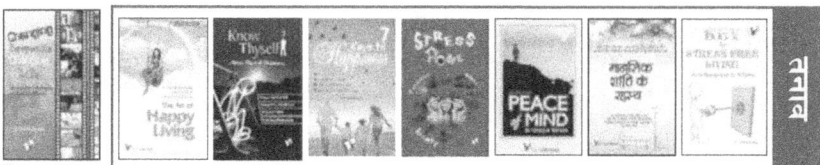

Also Available
in Kannada

Also Available
in Kannada

तनाव

हमारी सभी पुस्तकें www.vspublishers.com पर उपलब्ध हैं

धर्म एवं आध्यात्मिकताज्योतिष/हस्तरेखा/वास्तु/सम्मोहन शास्त्र

कैरियर एण्ड बिजनेस मैनेजमेंट

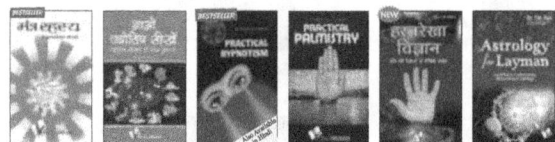

Also Available in Hindi, Kannada

Also Available in Hindi, Kannada

हमारी सभी पुस्तकें www.vspublishers.com पर उपलब्ध हैं

छात्र विकास

लोकप्रिय विज्ञान

Also Available in Hindi

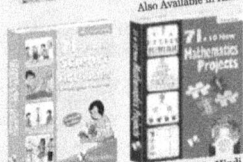

Also Available in Hindi   Also Available in Hindi

प्रश्नोत्तरी की पुस्तकें

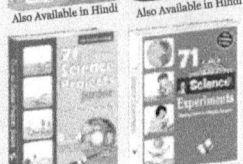

Also Available in Hindi   Also Available in Hindi

ड्राइंग बुक्स

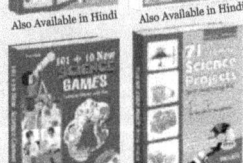

Also Available in Hindi   Also Available in
Hindi, Tamil & Bangla

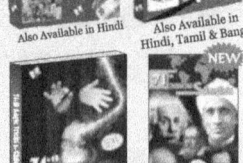

चिल्ड्रंस एंसाइक्लोपीडिया